NON COLPEVOLE A NORIMBERGA

Le argomentazioni della difesa

Carlos Whitlock Porter

NON COLPEVOLE A NORIMBERGA
Le argomentazioni della difesa

Carlos Porter

© 2012 by Carlos Whitlock Porter. All rights reserved.

http://www.cwporter.com

Contenuto

Prefazione 5
Martin Bormann 7
Le organizzazioni criminali 9
I documenti 12
Karl Dönitz 16
Hans Frank 19
Wilhelm Frick 21
Hans Fritzsche 23
Walter Funk 24
Kurt Gerstein 26
G.M. Gilbert 28
Hermann Göring 29
Rudolf Hess 33
Rudolf Höss 35
Tribunale militare internazionale per l'Estremo Oriente
(A paragonare con Norimberga) 43
Alfred Jodl 47
Ernst Kaltenbrunner 49
Wilhelm Keitel 52
Constantin von Neurath 54
Franz von Papen 56
Erich Raeder 58
Joachim von Ribbentrop 59
Alfred Rosenberg e Fritz Sauckel 63
Hjalmar Schacht 66
Baldur von Schirach 67
Arthur Seyss-Inquart 69
Albert Speer 71
Julius Streicher 72

Sorveglianza dei detenuti, Norimberga 1946.

Prefazione

La revisione della storia è vecchia quanto la storia stessa.

Gli Annali di Tacito (vx, 38) accennano ad esempio ad una «diceria» secondo la quale Nerone avrebbe incendiato Roma. Questa «diceria» fu ripetuta da altri storici romani come un «fatto certo» (Suetonio, *Nero*, v 38; Dione Cassio, *Epistulae*, lxii 16; Plinio il Vecchio, *Naturalis Historia*, xvii 5).

Poi gli storici posteriori misero in dubbio questo «fatto certo», e lo relegarono a semplice «diceria».

Nel 1946 fu considerato come un «fatto certo» che i nazisti avevano fabbricato sapone con il grasso umano (I 252 [283]; VII 597-600 [656-659]; XIX 506 [566-567]; XXII 496 [564]).

Poi gli storici posteriori misero in dubbio anche questo «fatto certo» e lo relegarono a semplice «diceria».(R. Hilberg, *The Destruction of the European Jews*, edizione definitiva riveduta, Holmes and Maier, New York 1985, p. 966: «Fino ad oggi, l'origine della diceria del sapone umano resta ancora sconosciuta.») Questa «diceria» è di origine sovietica (prova URSS 393). Al Palazzo della Pace de L'Aia c'è un grande vaso di presunto «sapone umano», che però non è mai stato sottoposto ad una perizia medicolegale.

I funzionari del Palazzo lo mostrano ai turisti sbalorditi, ma, a quanto pare, non rispondono alle lettere delle persone che vorrebbero farlo sottoporre ad un esame scientifico.

Nel 1943 si diffuse la «diceria» che i nazisti uccidessero gli Ebrei in camere a vapore, elettriche, a vuoto d'aria e a gas (vedi ad es. The *Black Book: The Nazi Crime Against the Jewish People*. Jewish Black Book Committe, New York 1946, pp. 270, 274, 280, 313. Questo libro fu presentato come «prova» alla commissione del processo di Norimberga).

Nel 1946, le «camere a gas» si trasformarono in un «fatto», mentre le camere a vapore, elettriche, e a vuoto d'aria, rimasero mere «dicerie». (N.B.: le «camere a vapore» furono «confermate» al processo contro Oswald Pohl, NMT IV 1119-1152).

Tuttavia le «prove» secondo le quali i nazisti avrebbero ucciso Ebrei in camere a gas non sono migliori – per quanto riguarda la loro fondatezza – delle «prove» relative all'uccisione di Ebrei in camere a vapore, elettriche, e a vuoto d'aria, perciò ci sembra legittimo mettere in dubbio tali «prove».

Questo libro non costituisce una «revisione» della storia, ma piuttosto una semplice guida ad un materiale storico che è stato dimenticato. Le 312.022 dichiarazioni giurate autenticate che furono presentate dalla difesa al processo di Norimberga sono state dimenticate, ma le 8 o 9 dichiarazioni giurate dell'accusa che le avrebbero «confutate» tutte (IMT XXI 437 [483]), vengono ancora ricordate.

Questo libro contiene molti riferimenti alle pagine di atti processuali: non li adduciamo per confondere il lettore, per impressionarlo o per intimidirlo, né per dimostrare la veridicità delle dichiarazioni processuali, bensì semplicemente per aiutare il lettore interessato a reperire cose degne di nota. Sarà il lettore a giudicare se Le argomentazioni della difesa sono più credibili delle «prove» dell'accusa, come ad esempio quella del sapone fabbricato con grasso umano (documento URSS 197), dei calzini fatti di capelli umani (documento URSS 511) o degli hamburgers di carne umana (processo di Tokio, prova n. 1873).

N.B.:
IMT = International Military Tribunal (il grande processo internazionale di Norimberga in quattro lingue)
NMT = National Military Tribunal (i 12 processi americani di Norimberga in inglese)
Salvo indicazione contraria, le pagine menzionate in questo libro si riferiscono all'edizione americana degli atti del IMT.
[ ] = impaginazione tedesca.

Martin Bormann

Bormann fu accusato di «persecuzione della religione» e di molti altri gravi crimini. Il suo avvocato, il dott. Bergold, rilevò, alludendo all'Unione Sovietica, che molti paesi moderni sono apertamente atei, perciò le disposizioni che impedivano ai sacerdoti di accedere alle cariche del partito nazista non si potevano definire «persecuzione».

Il dott. Bergold aggiunse: «Il Partito è descritto come un'organizzazione criminale, come una cospirazione. E' dunque un crimine impedire a certe persone di diventare membri di una cospirazione criminale? E' un crimine questo?» (V 312 [353]).

Furono presentati documenti nei quali Bormann non solo proibiva ogni forma di persecuzione religiosa, ma permetteva apertamente l'educazione religiosa (XXI 462-465 [512-515]). Un aspetto importante delle sue disposizioni in materia religiosa era che il testo biblico doveva essere utilizzato integralmente: amputazioni, manipolazioni o distorsioni del testo erano proibite. Inoltre le chiese ricevettero sussidi governativi fino alla fine della guerra. Le restrizioni relative alla stampa colpirono non solo i giornali religiosi, ma tutti i giornali, perché erano dovute alla scarsezza di carta durante la guerra (XIX 111-124 [125-139]; XXI 262-263, 346, 534, 539 [292-293; 383; 589; 595]; XXII 40-41 [52-53]).

L'avvocato di Bormann non ebbe difficoltà a dimostrare che il suo difeso non avrebbe potuto essere condannato secondo le leggi di alcun paese, perché gli stenografi non sono evidentemente responsabili di tutti i documenti che firmano. Non fu chiaro fino a che punto Bormann avesse agito come semplice stenografo o segretario, ma ciò per l'accusa fu irrilevante e Bormann fu condannato all'impiccagione. La sentenza doveva essere eseguita immediatamente, ignorando le esaurienti testimonianze secondo le quali Bormann era rimasto ucciso nell'esplosione di un carro armato; sarebbe stato molto difficile trovare un solo pezzo del suo corpo, e ancora più difficile impiccarlo! (XVII 261-271 [287-297]).

Le organizzazioni criminali

Le prove della difesa riguardo alle presunte «organizzazioni criminali» consistevano nelle testimonianze verbali di 102 testimoni e in 312.022 dichiarazioni giurate autenticate (XXII 176 [200]).

Il termine «criminale» non fu mai definito (XXII 310 [354]; vedi anche XXII 129-135 [148-155]). Non fu mai stabilito esattamente neppure quando queste organizzazioni sarebbero diventate «criminali» (XXII 240 [272-273]). Lo stesso partito nazista sarebbe diventato criminale fin dal 1920 (XXII 251 [285]) oppure dal 1938 (XXII 113 [130]) o addirittura mai (II 105 [123]).

Le 312.022 deposizioni giurate autenticate furono presentate a una «commissione», ma la trascrizione di queste testimonianze non appare negli atti del processo di Norimberga. L'Archivio Nazionale di Washington non possiede una copia delle trascrizioni delle testimonianze rese dinanzi a questa «commissione», non ne ha mai sentito parlare, non ne sa nulla e non è in grado di dire dove si trovino.

Delle 312.022 dichiarazioni giurate solo poche decine furono tradotte in inglese, perciò il Tribunale non poté leggerle (XXI 287, 397-398 [319, 439]). Il Presidente del Tribunale, Sir Geoffrey Lawrence, non conosceva il tedesco, al pari del procuratore Robert Jackson. A causa di un «cambiamento dei regolamenti» effettuato all'ultimo momento (XXI 437-438, 441, 586-587 [483-485, 488, 645-646]), molte altre deposizioni furono respinte per la loro presunta «non conformità» (XX 446-448 [487-489]).

La «commissione» preparò «sommari» che furono presentati al Tribunale (migliaia di dichiarazioni giurate che affermavano il trattamento umano dei prigionieri, ecc.). Questi «sommari» non furono considerati come prove. Il Tribunale promise di leggere tutte le 312.022 dichiarazioni giurate prima di pronunciare il verdetto (XXI 175 [198]), ma 14 giorni dopo fu annunciato che le 312.022 deposizioni non erano veritiere (XXII 176-178 [200-203]).

Allora si pretese che una sola dichiarazione giurata dell'accusa (documento D-973) avesse «confutato» 136.000 dichiarazioni giurate della difesa (XXI 588, 437, 366 [647, 483-484, 404]).

I 102 testimoni furono obbligati a presentarsi a testimoniare davanti alla «commissione» prima di presentarsi a testimoniare davanti al Tribunale. A 29 di questi testimoni (XXI 586 [645]), o, secondo un'altra fonte, a 22 (XXII 413 [468]), fu permesso di apparire davanti al Tribunale, ma le loro testimonianze non dovevano essere «cumulative», cioè essi non dovevano ripetere le deposizioni rese davanti alla «commissione» (XXI 298, 318, 361 [331, 352, 398-399]). Indi si pretese che 6 dichiarazioni giurate presentate dall'accusa avessero «confutato» le testimonianze di tutti i 102 testimoni (XXI 153 [175], XXII 221 [251]).

Una di queste dichiarazioni era in polacco, perciò la difesa non poté leggerla (XX 408 [446]). Un'altra fu firmata da un ebreo chiamato Szloma Gol, che affermò di aver esumato e cremato 80.000 cadaveri, incluso quello di suo fratello (XXI 157 [179], XXII 220 [250]).

(Secondo l'edizione britannica degli atti del processo di Norimberga, il numero dei cadaveri esumati dal testimone fu di 67.000.) Quando questa dichiarazione fu esibita, l'accusa aveva già terminato la presentazione delle prove (XX 389-393, 464 [426-430, 506]; XXI 586-592 [645-651]).

L'accusa affermò poi, durante la sua requisitoria finale, che nel corso del processo erano state presentate al Tribunale e prese in considerazione 300.000 dichiarazioni giurate, dando l'impressione che si trattasse di documenti dell'accusa (XXII 239 [272]). In realtà, l'accusa finì il processo con non più di qualche dozzina di dichiarazioni giurate veramente importanti. Vedi ad esempio, XXI 437 [483], dove dall'accusa furono presentate 8 o 9 deposizioni contro 300.000 deposizioni della difesa; vedi anche XXI 200 [225]; 447-478 [528-529]; 585-586 [643-645]; 615 [686-687].

Nei numerosi processi relativi ai campi di concentramento – ad esempio, al processo di Martin Gottfried Weiss – si escogitò un espediente più conveniente. Un semplice impiego in un campo di concentramento, sia pure per qualche settimana, fu considerato la «prova» della cosidetta «conoscenza costruttiva del progetto comune».

Questo «progetto comune» non fu mai definito. Il termine «cospirazione» fu generalmente evitato al fine di semplificare la procedura processuale. Non era necessario menzionare eventuali maltrattamenti specifici, né dimostrare che fosse morto qualcuno in conseguenza di tali maltrattamenti. In questo processo, 36 dei 40 accusati furono condannati all'impiccagione.

Le trascrizioni delle testimonianze davanti alla «commissione» di Norimberga si trovano al Palazzo della Pace de L'Aia e riempiono per metà una cassaforte a prova d'incendio che si innalza dal pavimento fino al soffitto. La testimonianza di ciascun testimone fu dattilografata con una impaginazione che cominciava dalla pagina 1, poi ridattilografata con una impaginazione consecutiva che giunge a molte migliaia di pagine. La prima stesura e la copia riveduta di queste testimonianze sono state archiviate insieme in cartelle cucite con punti metallici, su carta fragilissima, con cuciture metalliche arrugginite. Non c'è alcun dubbio che questo materiale, a L'Aia, non è mai stato letto da nessuno.

Nelle perorazioni della difesa, il materiale concernente la testimonianza dei 102 testimoni è stato stampato in massima parte a caratteri piccoli nei volumi XXI e XXII degli atti del processo di Norimberga. I caratteri piccoli significano che questi passi furono cancellati dalle perorazioni della difesa (altrimenti, secondo l'accusa, il processo sarebbe stato troppo lungo). Tutto questo materiale, che ammonta a molte migliaia di pagine, è stato cancellato fino all'ultima parola dagli atti delle udienze pubblicati in Inghilterra. Nell'edizione americana, a pagina 594 del volume XXI, sono scomparse 11 pagine fra i paragrafi 1 e 2. Nella versione tedesca, queste 11 pagine appaiono alle pp. 654-664 del volume XXI. A parte ciò, sembra che le edizioni americana e tedesca siano più o meno complete.

Il materiale suddetto si riferisce ad esempio a questi argomenti: Guerra totale XIX 25 [32] Riparazioni XIX 224-232 [249-259] Sindacati tedeschi XXI 462 [512] Gestapo e campi di concentramento XXI 494-530 [546-594] Putsch di Röhm XXI 576-592 [635-651] Notte dei cristalli XXI 590-592 [649-651] «Umsiedlung» (trasferimento) XXI 467-469, 599-603 [517-519, 669-674] SD (Servizio di Sicurezza) XXII 19-35 [27-47] Armamenti XXII 62-64 [75-78] Le 312.022 dichiarazioni giurate sono probabilmente conservate in qualche archivio tedesco.

La sentenza del processo di Norimberga appare due volte, nei volumi I e XXII.

E' molto importante procurarsi i volumi tedeschi e leggere in tedesco la sentenza nel volume XXII: le espressioni tedesche scorrette e gli errori di traduzione degli Americani sono stati migliorati con note a piè di pagina. Gli errori di tal fatta nei documenti si possono considerare come prove di falsificazioni.

In generale, i volumi tedeschi sono preferibili ai volumi americani. In tutti questi volumi frequenti note a piè di pagina avvertono il lettore delle traduzioni scorrette, dei documenti scomparsi, e delle falsificazioni (per esempio nel vol. XX 205 dell'edizione tedesca degli atti delle udienze: «Questa frase non appare nel documento originale.») Gli atti delle udienze del processo di Norimberga in tedesco (22 volumi) sono disponibili in ristampa anastatica curata da Delphin Verlag München (ISBN 3.7735.2509.5); gli atti delle udienze e i documenti (42 volumi) sono disponibili in microfilm distribuiti dalla Oceana Publications (Dobbs Ferry, New York).

I documenti

Secondo la versione corrente degli avvenimenti, gli Alleati avrebbero esaminato 100.000 documenti, tra i quali 1.000 sarebbero stati selezionati e presentati al Tribunale. I documenti originali sarebbero stati depositati al Palazzo della Pace de L'Aia. Tutto ciò è alquanto inesatto.

I documenti utilizzati come prove al processo di Norimberga erano, per la maggior parte, «fotocopie» di «copie». Molti di questi «documenti originali» erano scritti interamente su carta normale da persone sconosciute, senza alcuna intestazione stampata o contrassegno manoscritto. Occasionalmente, si trova una iniziale o una firma illegibile di una persona più o meno sconosciuta che asserisce di aver «autenticato» il documento come «copia conforme». Talvolta ci sono timbri tedeschi, talvolta non c'è niente. Molti documenti sarebbero stati «trovati» dai Sovietici, o «autenticati» da «commissioni sovietiche per i crimini di guerra».

Ad esempio, il volume XXXIII contiene 20 interrogatori o dichiarazioni giurate, 12 fotocopie, 5 copie non firmate, 5 documenti originali con firma, 4 copie di materiale stampato, 3 copie ciclostilate, 3 documenti telescritti, 1 copia di microfilm, 1 copia firmata da altri e 1 non specificata.

Il Palazzo della Pace de L'Aia possiede pochi documenti originali dell'epoca della guerra, se mai ne possiede qualcuno; esso ha molte dichiarazioni giurate rese nel dopoguerra, la trascrizione delle testimonianze rese davanti alla «commissione» del Tribunale e molto materiale importante della difesa; vi è inoltre conservato il «sapone umano», che non è mai stato sottoposto ad analisi chimica, nonché la «ricetta originale per la fabbricazione di sapone umano», che è un falso; ma, a quanto pare, non c'e nessun documento originale tedesco dell'epoca della guerra o anteriore. Il Palazzo della Pace possiede copie fotostatiche negative dei documenti processuali su carta fragilissima cucita con punti metallici. Per fotocopiare queste copie fotostatiche bisogna togliere le cuciture, poi, dopo la fotocopiatura, ricucirle con punti metallici, il che produce ulteriori forature. La maggior parte di questi documenti non sono stati fotocopiati con molta frequenza.

Secondo i funzionari del Palazzo, sono rarissimi i visitatori che vogliono vedere i documenti.

L'Archivio Nazionale di Washington afferma che i documenti

originali sono a L'Aia (vedi Telford Taylor, *Use of Captured German and Related Documents*. A National Archives Conference. National Archives, Washington D.C.). Il Palazzo della Pace, a sua volta, dichiara che i documenti originali si trovano all'Archivio Nazionale di Washington.

Anche l'Archivio di Stato di Norimberga e l'Archivio Federale di Coblenza non possiedono alcun documento originale del processo di Norimberga; essi asseriscono entrambi che i documenti originali sono a Washington. Dato che i documenti originali, nella maggior parte dei casi, non sono altro che «copie», molto spesso non c'è nessuna prova che i documenti in questione siano mai esistiti.

Il procuratore Robert Jackson iniziò il processo in modo impareggiabile, citando molti documenti falsificati o comunque senza valore, fra i tanti: PS-1947; PS-1721; PS-1014; PS-81; PS-212 (II, 120-142 [141-168]).

Il documento PS-1947 vorrebbe essere la «copia» di una «traduzione» di una «lettera» del generale Fritsch alla baronessa von Schutzbar-Milchling. Successivamente, la baronessa firmò una dichiarazione giurata nella quale affermò di non aver mai ricevuto la lettera in questione (XXI 381 [420-421]).

Questa lettera fu riconosciuta falsa dal Tribunale durante il processo e non è inclusa nel volume dei documenti in cui dovrebbe apparire (vol. XXVIII 44).

Tuttavia, Jackson non fu ammonito dal Tribunale (XXI 380 [420]).

A quanto pare, gli zelanti Americani hanno falsificato 15 «traduzioni» di tali «lettere», dopo di che i «documenti originali» sarebbero tutti scomparsi misteriosamente (Telford Taylor, *Use of Captured German and Related Documents*).

Il documento PS-1721 è una falsificazione nella quale un soldato delle SA scrive a sé stesso un «rapporto» sul modo in cui avrebbe eseguito un ordine che è citato testualmente nel «rapporto» stesso. Le notazioni manoscritte alle pagine 2 e 3 sono falsificazioni evidenti delle notazioni a pagina 1 (XXI 137-141 [157-161]; 195-198 [219-224] 425 [470]; XXII 147-150, 148-150 [169-172]. Vedi anche: *Testimony Before the Commission*, Fust, 25 Aprile 1946 e Lutze, 7 Maggio 1946.

L'Archivio Nazionale di Washington possiede una «copia fotostatica positiva» del PS-1721, mentre il Palazzo della Pace de L'Aia ne possiede una «negativa». Il «documento originale» è una «fotocopia» (XXVII 485).

Il documento PS-1014 è un «discorso di Hitler» scritto da uno sconosciuto su carta non intestata, senza firma né timbro. Il documento è intitolato «Secondo discorso», sebbene sia noto che Hitler in tale data fece un solo discorso. Ci sono 4 versioni di questo discorso; 3 delle quali sono falsificazioni: PS-1014, PS-798, L-3. Esiste anche una versione autentica, Ra-27 (XVII 406-408 [445-447; XVIII 390-402 [426-439].

La terza falsificazione, il documento L-3, reca il timbro di un laboratorio «FBI»; esso non fu accettato dal Tribunale come prova (II 286 [320-321]), ma 250 copie di tale documento furono distribuite ai giornalisti come se fosse stato autentico (II 286-293 [320-328]).

Questo documento viene citato da A.J.P. Taylor a pagina 254 del suo libro *The Origins of the Second World War* (Fawcett Paperbacks, 2nd edition, with Answer to his Critics), che indica come fonte «German Foreign Policy, Series D vii, n. 192 e 193».

Il documento L-3 è all'origine di molte citazioni attribuite a Hitler, in particolare le seguenti: «Chi si ricorda oggi della sorte degli Armeni?», e «I nostri nemici sono dei vermi insignificanti. Li ho visti a Monaco.» Secondo questo documento, «Hitler» si paragona a Genghis Khan ed esprime l'intenzione di sterminare i Polacchi e di dare a Chamberlain un calcio al basso ventre davanti ai fotografi. Sembra che il documento sia stato scritto con la stessa macchina da scrivere di molti altri documenti di Norimberga, incluse le altre due versioni dello stesso discorso. Questa macchina da scrivere era probabilmente una Martin delle «Triumph-Adler-Werke» di Norimberga.

Il documento PS-81 è una «copia conforme» di una «lettera non firmata», scritta su carta normale da uno sconosciuto. Se il documento è autentico, si tratta di una minuta di una lettera che non fu mai spedita. Questo documento viene invariabilmente definito una «lettera di Rosenberg», la qual cosa fu da lui negata (XI 510-511 [560-561]).

Il documento è privo di firma, di sigla, dello spazio bianco per il numero di registrazione (un contrassegno burocratico) e non fu trovato fra i documenti del destinatario (XVII 612 [664]). Il PS-81 è una «fotocopia» presentata dai Sovietici con il numero URSS-353, XXV 156-161). Il documento PS-212 fu scritto anch'esso da uno sconosciuto, interamente su carta normale, senza alcuna intestazione, annotazione manoscritta, senza data, firma, e senza timbro (III 540 [602], XXV 302-306; vedi anche le fotocopie delle copie fotostatiche negative del Palazzo della Pace de L'Aia).

Tutto ciò è tipico. Il documento PS-386, il «protocollo di Hossbach», un preteso «discorso di Hitler» del 5 novembre 1938, è una «fotocopia conforme» di una «copia conforme su microfilm» di una «copia conforme» ridattilografata da un americano, di una «copia conforme» ridattilografata da un tedesco, di «note manoscritte di Hossbach», mai aprovate da Hitler, di un «discorso di Hitler», scritte a memoria da Hossbach 5 giorni dopo. Questo non è uno dei documenti peggiori, ma dei migliori, perché sappiamo chi ha redatto una delle «copie». Il testo del documento PS-386 è stato «manipolato» (XLII 228-230).

Dunque, il «processo sulla base di documenti» funziona così: A, uno sconosciuto, ascolta delle presunte «dichiarazioni verbali» fatte da B; A prende appunti o redige un «documento» sulla base di queste presunte dichiarazioni verbali. Il documento viene poi presentato come «prova» non contro A, che ha fatto la copia, ma contro B, C, D, E, e una serie di altre persone, sebbene non ci sia niente per collegarle con il documento o con le presunte dichiarazioni. Poi si dichiara con disinvoltura, che «B disse», «C fece», o che «D e E sapevano». Tale procedura costituisce una violazione delle regole della produzione delle prove di tutti i paesi civili. I documenti non sono neppure identificati dai testimoni.

A Norimberga la falsificazione di documenti originali fu praticata raramente, perché i «documenti» non venivano portati alle udienze. Il «documento originale», cioè, la «copia non firmata» originale, veniva conservata in una cassaforte nel «Document Centre» (II 195 [224], 256-258 [289-292]).

Al Tribunale venivano presentate 2 (V 21 [29]) o 6 «fotocopie» della «copia» (II 251-253 [284-286]). Tutte le altre «copie» venivano ciclostilate utilizzando una matrice di ciclostile (IX 504 [558-559]).

Negli atti delle udienze, il termine «originale» viene usato nel senso di «fotocopia» (II 249-250 [283-284]; XIII 200 [223], 508 [560], 519 [573], XV 43 [53], 169 [189], 171 [191], 327 [359]) per distinguere le «fotocopie» dalle «copie ciclostilate» (IV 245-246 [273-274]).

Fin dall'inizio del processo furono disponibili «traduzioni» di tutti i documenti (II 159-160 [187-189], 191 [219-220], 195 [224], 215 [245], 249-250 [282-283], 277 [312], 415 [458], 437 [482-483]), ma i presunti «testi originali» in tedesco non furono disponibili per almeno 2 mesi. Ciò vale non soltanto per i memoriali, gli atti d'accusa, le informazioni, ecc. del Tribunale stesso, ma per TUTTI I DOCUMENTI.

Alla difesa non fu fornito alcun documento in tedesco prima del 9 Gennaio 1946, se non più tardi (V 22-26 [31-35]).

Fra i documenti che sembrano essere stati scritti con la stessa macchina da scrivere c'è anche il documento PS-3803, una «lettera» dell'imputato Kaltenbrunner al Sindaco di Vienna e la «lettera» di accompagnamento del Sindaco stesso alla «lettera di Kaltenbrunner» da lui inviata al Tribunale (XI 345-348 [381-385]). La «lettera» di Kaltenbrunner contiene un termine geografico falso (XIV 416 [458]).

Karl Dönitz

Dönitz fu condannato per «guerra sottomarina illegale» contro gli Inglesi. Nel diritto internazionale, tutto è basato sulla reciprocità e sulle convenzioni internazionali, che possono essere imposte soltanto con la reciprocità. In guerra, la migliore difesa contro un'arma è una forte controffensiva con la stessa arma.

Gli Inglesi, grazie alla loro supremazia sul mare, combatterono le due guerre mondiali mediante blocco navale e il cosiddetto sistema «Navicert».

Tutte le navi neutrali venivano fermate con la forza in mare aperto e costrette ad entrare in porti britannici, dove erano ispezionate secondo formule complesse: se un paese neutrale importava più cibo, lana, cuoio, gomma, cotone, fertilizzante, ecc. della quantità ritenuta necessaria dagli Inglesi al suo consumo, si presumeva che la differenza fosse destinata alla rispedizione ai Tedeschi. Risultato: la nave e l'intero carico venivano confiscati e venduti all'asta, il che violava anche le clausole di tutti i contratti assicurativi marittimi britannici.

Negli anni 1918-19, il blocco fu mantenuto per otto mesi dopo la fine della guerra per costringere la Germania a ratificare il Trattato di Versailles, la qual cosa era una chiara violazione delle clausole dell'armistizio e di tutto il diritto internazionale. Mentre i politici temporeggiavano, centinaia di migliaia di Tedeschi morivano di fame.

Hitler definì questo fatto «la più grande violazione di patti di tutti i tempi». Gli Inglesi sostennero che il blocco era legale, ma che era stato applicato in modo illegale (*Encyclopaedia Britannica*, ed. 1911. voce «Neutrality»; ed. 1922, voce «Blockade» e «Peace Conference»).

I neutrali, inclusi gli Stati Uniti, si lamentarono di questa violazione della loro neutralità, ma vi si assoggettarono ugualmente, in violazione della loro neutralità. Una nazione che permette la violazione della propria neutralità può essere considerata belligerante.

La quinta convenzione de L'Aia del 18 Ottobre 1907 sui diritti dei neutrali non fu mai ratificata dagli Inglesi, ma le sue condizioni furono considerate obbligatorie per i Giapponesi e i Tedeschi nonostante una clausola di piena partecipazione; ciò significa che il trattato diventava nullo se un non firmatario partecipava al conflitto.

Nel 1939, i Tedeschi avevano soltanto 26 sommergibili adatti al servizio atlantico, la quinta parte della sola flotta sottomarina francese. Inoltre, i sommergibili tedeschi erano molto più piccoli di quelli di altre nazioni. Un controblocco contro l'Inghilterra era possibile soltanto diffidando i neutrali dal navigare nelle acque territoriali britanniche. Per gli Inglesi, questo era un «crimine».

Di questi 26 sommergibili, molti avevano bisogno di riparazioni continue, sicché ci furono mesi nei quali soltanto 2 o 3 erano in grado di navigare. E'ovvio che i sommergibili non possono eseguire le operazioni di arresto e di perquisizione come una nave di superficie.

Un sommergibile, una volta emerso, è quasi completamente senza difesa contro la più piccola arma di un nave commerciale, per non parlare di radio, radar e aereoplani.

A Norimberga gli Inglesi pretesero che i Tedeschi avrebbero dovuto emergere, notificare alla nave la loro intenzione di perquisirla, attendere che la nave cominciasse le ostilità, indi affondarla, presumibilmente con le sole armi del ponte, poi prendere tutte le decine o le centinaia di superstiti a bordo del sommergibile (dove sarebbero stati molto più in pericolo che in un canotto di salvataggio) e infine trasportarli tutti a terra nel luogo più vicino. Ma se fossero arrivati aerei britannici e avessero affondato il sommergibile, uccidendo tutti i superstiti che erano stati presi a bordo, questi sarebbero stati considerati «assassinati dai Tedeschi».

Nessuna convenzione internazionale esige una tale procedura e nessun paese ha mai combattuto in questo modo. Poiché il salvataggio dei superstiti rappresentava un pericolo per il sommergibile e molto spesso aveva come conseguenza la perdita del sommergibile stesso e del suo equipaggio, Dönitz proibì qualunque atto di salvataggio. Ciò fu definito dagli Inglesi «un ordine di uccidere tutti i superstiti». Ma questa accusa non fu confermata nella sentenza.

Dönitz fu accusato anche di avere incoraggiato il popolo tedesco alla resistenza disperata, un crimine commesso anche da Winston Churchill. Dönitz replicò: «Era molto doloroso per noi che le nostre città fossero bombardate fino alla distruzione e che, a causa di questi attacchi continui, si perdessero molte vite. Queste perdite ammontano a circa 300.000-400.000 vittime, la maggior parte delle quali si ebbero nell'attacco alla città di Dresda, che non era giustificato dal punto di vista militare e perciò non poteva essere previsto.

Tuttavia questa cifra è piccola a paragone dei milioni di soldati e civili che avremmo perso all'Est se ci fossimo arresi durante l'inverno» (XIII 247-406 [274-449; XVIII 312-372 [342-406]).

Hans Frank

Frank fu accusato di aver fatto centinaia di dichiarazioni antisemitiche nel suo cosiddetto «diario», un documento di 12.000 pagine. Il «diario» contiene soltanto una sola pagina firmata da Frank, e centinaia di dichiarazioni umanitarie, che furono ignorate (XII 115-156 [129-173]). Le dichiarazioni antisemitiche furono selezionate e stampate dai Sovietici in un documento molto breve, il PS-2233, che fu presentato al Tribunale e fu chiamato il «diario di Frank».

Il vero «diario» di 12.000 pagine constava di sommari (non di trascrizioni letterali o resoconti stenografici) di conferenze nelle quali molto spesso cinque o sei persone parlavano tutte insieme nello stesso tempo in circonstanze di grande confusione; non è chiaro a chi alcune dichiarazioni debbano essere attribuite (XII 86 [97-98]).

Frank aveva consegnato il suo «diario» agli Americani credendo che lo avrebbe discolpato: egli aveva protestato contro le illegalità di Hitler in discorsi pubblici a suo grande rischio e aveva tentato di dimettersi 14 volte (XII 2-114 [8-128]; XVIII 129-163 [144-181]).

Frank si convinse della realtà delle atrocità tedesche dopo aver letto alcuni articoli sul processo sovietico di Majdanek «nella stampa straniera» (XII 35 [43]).

Auschwitz non era situato nel territorio sotto il controllo di Frank.

Frank considerava sua missione la creazione di una magistratura indipendente in uno stato nazionalsocialista, una missione che si rivelò impossibile.

In un discorso di 19 Novembre 1941, egli disse: «La legge non può essere degradata fino a diventare un oggetto di commercio. La legge non può essere venduta. O esiste o non esiste. La legge non può essere commercializzata in Borsa. Se la legge non trova nessun aiuto, lo Stato perde il suo sostegno morale e decade nelle profondità della notte e del terrore.» Le illegalità di Hitler non giunsero mai alla promulgazione di una legge ex-post facto; in tre casi, le punizioni furono aumentate retroattivamente (XVII 504 [547]). L'imputazione di «saccheggio di tesori d'arte» mossa a Frank sarà discussa nel paragrafo dedicato a Rosenberg.

Wilhelm Frick

Frick fu impiccato per la «germanizzazione» degli abitanti di Posen, di Danzica, della Prussia occidentale, di Eupen, di Malmedy, del territorio dei Sudeti, del territorio di Memel e dell'Austria. A eccezione dell'Austria, tutte queste regioni erano state in precedenza parti dell'impero prussiano, ma erano state tolte alla Germania dal Trattato di Versailles. La regione di Malmedy è francofona; tutte le altre sono germanofone. L'Austria non era riuscita a sopravvivere come unità economica indipendente dopo il 1919, e aveva chiesto di essere unita alla Germania per mezzo di un plebiscito. I vincitori democratici risposero con la minaccia di bloccare ogni importazione di viveri (XVIII 55 [66], XIX 360 [397]).

Un altro presunto crimine imputato a Frick, secondo il «rapporto» di una «commissione per i crimini di guerra» cecoslovacca, fu l'uccisione di 275.000 malati di mente.

A Frick, come a Göring, fu attribuita la responsabilità dell'esistenza dei campi di concentramento. Nella sua difesa, si fece rilevare che l'«arresto preventivo» era anteriore all'assunzione del potere da parte dei nazionalsocialisti, sia in Germania sia in Austria, dove si chiamava «Anhaltehaft», e fu utilizzato per imprigionare migliaia di nazionalsocialisti (XXI 518-521 [572-576]. L'«arresto preventivo» esiste tuttora in Germania, dove si chiama «U-haft».

Nella sentenza di uno dei più importanti processi per crimini di guerra celebrati a Dachau (Trial of Martin Gottfried Weiss and Thirty Nine Others, Law Reports of Trials of War Criminals, pubblicato dalle Nazioni Unite, vol. XI, p. 15), appare la frase seguente: «Nel caso del campo di concentramento di Mauthausen le circonstanze fondamentali erano identiche – sebbene il numero delle vittime fosse molto più elevato, a causa degli stermini in massa in una camera a gas – » Questa è forse una ammissione del fatto che a Dachau non esisteva alcuna camera a gas? Secondo i *Law Reports of Trials of War Criminals*, nessuno dei processi celebrati a Dachau ha mai «dimostrato» l'esistenza di una camera a gas a Dachau.

Al processo di Norimberga, una «copia conforme» della sentenza del *Trial of Martin Gottfried Weiss and Thirty Nine Others* con questa frase soppressa fu presentata al Tribunale come documento PS-3590 (V 199 [228]), insieme con altri tre documenti che asserivano stermini mediante gas a Dachau (documento 3249-PS; V 172-173 [198], XXXII 60; documento PS-2430, XXX 470; documento L-159, XXXVII 621).

Frick fu accusato dal firmatario della dichiarazione giurata concernente gli «stermini in massa mediante camera a gas a Dachau» (documento PS-3249, redatto dal tenente colonnello Daniel L. Margolies, coinvolto anche nella falsificazione di tre discorsi di Hitler XIV 65 [77] e firmato dal dott. Franz Blaha) di aver visitato Dachau.

Frick respinse quest'accusa e chiese di salire sul banco dei testimoni per deporre in propria difesa in presenza di Blaha.

Questa richiesta fu rifiutata. A quanto pare, Frick si rassegnò: non testimoniò mai. La perorazione del suo avvocato difensore appare nel vol. XVIII pp. 164-189 [182-211].

Il firmatario, il dott. Franz Blaha, un comunista, fu presidente dell'Associazione internazionale di Dachau nel 1961, pur avendo asserito di aver visto stermini in massa in una camera a gas e di aver fabbricato calzoni e altri articoli con pelle umana.

Il processo contro Martin Gottfried Weiss è disponibile in 6 bobine di microfilm (M1174) all'Archivio Nazionale di Washington, D.C. Gli elementi di prova preliminari relativi a una «camera a gas a Dachau» (rapporto, progetto, cipolla di doccia, [bobina 1]), non furono mai presentati davanti al tribunale di Dachau e sono scomparsi dagli elementi di prova processuali finali (bobina 4). La trascrizione delle udienze (bobine 2 e 3) non accenna mimimamente ad alcuna camera a gas a Dachau, ad eccezione di qualche frase della testimonianza del dott. Blaha (volume 1, pp. 166, 169). La pretesa «pelle umana» proveniva dai topi (volume 4, pp. 450, 462, 464).

Hans Fritzsche

Fritzsche si convinse, grazie ad una lettera che aveva ricevuto, del fatto che in Russia venivano commesse delle atrocità, e cercò di verificarlo, ma non riuscì a trovare alcuna prova (XVII 172-175 [191-195]).

Fritzsche è un testimone importante, perché nel suo caso si ammise che la stampa straniera faceva circolare numerose false notizie relative alla Germania (XVII 175-176 [194-196]; vedi anche XVII 22-24 [30-33]).

Tuttavia questi stessi articoli di stampa e rapporti della radio costituivano quei «fatti generalmente noti» che non era necessario dimostrare (articolo 21 delle regole di prova, I 15 [16], II 246 [279]).

Nella difesa di Fritzsche si accennò al fatto che non esisteva nessuna convenzione internazionale che regolasse la propaganda o le storie di atrocità, vere o false che fossero, e che solo la legge di un solo paese (la Svizzera) proibiva di insultare i capi di Stato stranieri. Il fatto che Fritzsche non fosse colpevole di alcun crimine a Norimberga fu del tutto irrilevante, perché si ritenne indesiderabile celebrare un «processo» nel quale tutti gli imputati fossero dichiarati colpevoli. Nella contrattazione che precedette il giudizio finale, si decise che Fritzsche poteva essere assolto (XVII 135-261 [152-286; XIX 312-352 [345-388]).

Walter Funk

Funk era un pianista classico di famiglia molto rispettata, sposato da 25 anni all'epoca del processo ed ex redattore finanziario.

Come la maggior parte degli imputati, Funk fu accusato di avere commesso «azioni immorali» che dimostravano la sua «partecipazione volontaria al progetto comune», come aver accettato regali da Hitler il giorno del suo compleanno – ma è evidente che azioni di tal fatta non sono illegali.

Funk asserì che gli Inglesi e i Polacchi avevano cospirato per provocare la guerra con la Germania, credendo che i generali avrebbero rovesciato Hitler (XIII 111-112 [125-126]).

Funk fu accusato di avere cooperato con le SS all'uccisione dei prigionieri dei campi di concentramento per finanziare la produzione industriale durante la guerra coll'estrazione dei loro denti d'oro. I denti sarebbero stati conservati in una cassaforte della Reichsbank, insieme con corredi da barba, penne stilografiche, grandi sveglie e altra roba vecchia più o meno senza valore. La testimonianza di Rudolf Höss, secondo la quale i denti d'oro sarebbero stati fusi ad Auschwitz (XI 417 [460]), fu dimenticata.

Frank testimoniò che le quantità e i tipi di bottino erano «assurdi» e rilevò che le SS fungevano anche da polizia doganale, facendo rispettare le disposizioni relative al controllo del cambio, le quali proibivano, tra l'altro, qualunque forma di proprietà di oro, argento, monete o biglietti di banca stranieri. Era del tutto normale che le SS, come istituzione governativa, possedessero dei conti finanziari, e che questi conti contenessero anche oggetti di valore. Anche il popolo tedesco conservava i suoi oggetti di valore nelle casseforti della Reichsbank, alle quali essa non aveva accesso, perché si trattava di depositi di sicurezza privati.

Coll'intensificarsi dei bombardamenti, alle camere di sicurezza della banca furono affidati da cittadini privati tedeschi sempre più oggetti di valore. Alla fine, dopo un attacco che provocò seri danni alla banca, gli oggetti furono ritirati e depositati in una miniera di potassio in Turingia. Lì gli oggetti furono trovati dagli Americani, che falsificarono un film riguardo ad essi.

Funk e il suo avvocato dimostrarono la falsità del film escutendo un testimone ostile nella deposizione e nel controinterrogatorio forse più astuti di tutto il processo (XIII 169 [189-190], 203-204 [227-228, 562-576 [619-636]; XXI 233-245 [262-275]).

Presto fu demolita anche l'assurda dichiarazione giurata di Oswald Pohl (documento PS-4045), nella quale Funk fu accusato di avere discusso ad un pranzo, alla presenza di decine di invitati, perfino dei camerieri, dell'utilizzazione dei denti d'oro degli Ebrei massacrati per finanziare lo sforzo bellico (XVIII 220-263 [245-291]). Questa dichiarazione giurata fu redatta in tedesco e firmata da Robert Kempner come testimone. Pohl fu in seguito condannato per avere «ucciso Ebrei tramite vapore» in 10 «camere a vapore» a Treblinka, e di aver fatto zerbini con i loro capelli (NMT, processo di Oswald Pohl, IV, 1119-1152). A Norimberga Funk, al pari di altri coimputati, credeva che fossero stati commessi dei crimini, ma sosteneva di non saperne niente personalmente. Tuttavia il fatto che egli credesse alla realtà dei crimini non dimostra che questi crimini fossero reali.

Kurt Gerstein

Kurt Gerstein viene citato molto spesso come «testimone» dell'olocausto, ma ciò non è esatto. Per «testimone» si intende normalmente qualcuno che abbia visto qualcosa e che appaia in tribunale per testimoniare sulla sua conoscenza personale, ma Gerstein non lo fece mai. Egli fu un firmatario non giurato, cioè il suo nome e cognome appare alla fine di una deposizione scritta a macchina in francese che non si sa se sia stata scritta da lui (documento PS-1553, rifiutato come prova al processo di Norimberga).

Questo documento, una delle sei versioni esistenti, venne rispinto al processo di Norimberga per motivi prettamente technici, in quanto un certo giuramento non venne prestato in modo appropriato (VI 333-334 [371-372], 362-363 [398-399]).

Una delle storie che circolano su Gerstein riferisce che egli avrebbe scritto la deposizione nella prigione parigina di Cherche-Midi e che subito dopo si sarebbe suicidato. Il cadavere sarebbe scomparso misteriosamente e senza traccia.

E' molto più probabile che la deposizione sia stata scritta in francese da un interrogatore-interprete ebreo-tedesco, e che alcune delle contraddizioni contenute nel testo (per esempio, l'inverno nel mese di agosto, o lo stare in macchina in una frase e in treno nella frase seguente) siano dovute a una trascrizione difettosa in forma di deposizione degli appunti dell'interrogatorio. Nei processi minori per crimini di guerra e in quelli giapponesi, tali dichiarazioni non giurate sono molto frequenti, secondo la teoria che esse hanno un «valore probante», ma meno «peso» delle dichiarazioni giurate. E'anche possibile che Gerstein sia morto a causa delle ferite che gli furono inflitte nel corso degli interrogatori; forse si impiccò con il nastro della macchina da scrivere.

Più tardi, questo documento fu citato per esteso al processo di Oswald Pohl, nel quale fu «dimostrato» che Treblinka, nello stesso campo e nello stesso tempo, aveva posseduto 10 «camere a gas» (1553-PS) e 10 «camere a vapore» (3311-PS).

G.M. Gilbert

Uno dei resoconti più noti riguardo al comportamento e alla psicologia degli imputati al processo di Norimberga è quello dello psicologo di origine tedesca G.M. Gilbert nel suo libro Nuremberg Diary.

Molto di questo materiale consiste in «conversazioni» tenute dagli imputati o altre persone sia con Gilbert sia fra di loro stessi (!). Gilbert avrebbe poi scritto tutto a memoria. Tuttavia il confronto tra queste presunte «conversazioni» e gli atti delle udienze mostra chiaramente che gli imputati non parlavano nello stile attribuito loro da Gilbert.

Egli non prendeva appunti e nessun altro era presente.

Coloro i quali credono che i documenti PS-1014, PS-798 e L-3 siano dei «discorsi di Hitler», almeno in confronto con il documento Ra-27, possono continuare a credere che il libro di Gilbert riporti le «dichiarazioni fatte dagli imputati al processo di Norimberga».

Naturalmente, non è escluso che essi possano aver fatto delle dichiarazioni simili a quelle pretesamente «ricordate» da Gilbert.

Gilbert credeva che gli imputati avessero gasato milioni di Ebrei; se essi non si sentivano colpevoli, ciò dimostrava che erano «schizoidi». E'ovvio che tale convinzione da parte di Gilbert influenzava in una certa misura le sue percezioni e la sua memoria, anche se riferiva ciò che ricordava come verità. Se mentiva, non era l'unico «Americano» a Norimberga che lo faceva. Telford Taylor, per esempio, era incapace di ripetere fedelmente la dichiarazione più semplice (confronta le dichiarazioni del generale Manstein nel vol. XX 626 [681-682], con la «citazione» fattane da Taylor nel vol. XXII 276 [315]).

La migliore prova della disonestà di Gilbert è l'annotazione del 14 Dicembre 1945 che appare a p. 69: «Il maggiore Walsh continuò a leggere delle prove documentarie sullo sterminio degli Ebrei a Treblinka e ad Auschwitz. Un documento polacco dichiara: "Tutte le vittime si dovevano togliere i vestiti e le scarpe, che poi venivano raccolti; indi tutte le vittime, per primi le donne e i bambini, venivano spinti nelle camere della morte... i bambini piccoli venivano semplicemente gettati dentro"» (p. 69, prima edizione).

Queste «prove documentarie» sono semplicemente un «rapporto sui crimini di guerra» comunista, e le «camere della morte», naturalmente, sono delle «camere a vapore» (III 567-568 [632-633]).

Hermann Göring

Göring fu accusato di aver creato il sistema dei campi di concentramento e di aver ordito una «guerra di aggressione» contro la Polonia. La sua linea difensiva fu che la Germania era uno Stato sovrano, riconosciuto da tutti i governi del mondo (XXI 580-581 [638-639]); che Hitler era stato eletto legalmente; che qualsiasi nazione ha il diritto di legiferare e di organizzare i suoi affari come meglio crede; che il generale von Schleicher aveva tentato di assumere illegalmente il potere, in violazione della costituzione, senza l'appoggio dei nazionalsocialisti; che la Germania nel 1933 era sull'orlo della guerra civile; che i campi di concentramento furono inventati dagli Inglesi durante la guerra dei Boeri; e che l'internamento degli stranieri e dei nemici politici era stato praticato anche dalla Gran Bretagna e dagli Stati Uniti durante la seconda guerra mondiale.

(I campi di concentramento non furono inventati dagli Inglesi, ma dai rivoluzionari francesi per imprigionare i contadini monarchici ribelli della Vandea; si tratta dunque di una istituzione di alta stirpe «democratica»).

L'ordine di creare i campi era incontestabilmente legale: esso era fondato su una disposizione d'urgenza della costituzione di Weimar e fu firmato da Hindenburg (decreto del Presidente del Reich dal 28 Febbraio 1933) in base all'articolo 48, comma 2, della costituzione di Weimar (XVII 535 [581], XIX 357 [394]).

Secondo un documento presentato dall'accusa R-129 (III 506-507 [565-566]), nel 1939, in tutti i campi di concentramento tedeschi, vi erano complessivamente 21.400 prigionieri; nello stesso periodo, nelle prigioni normali erano detenute 300.000 persone (XVII 535-536 [581-582, XX 159 [178]).

Un anno dopo la fine della guerra, 300.000 Tedeschi erano ancora detenuti nei campi d'internamento alleati in base alle clausole di «detenzione automatica» delle convenzioni alleate (per esempio, il punto B-5 dell'accordo comune di Potsdam) (XVIII 52 [62]).

La maggior parte dei prigionieri dei campi di concentramento tedeschi erano comunisti o criminali comuni (XVII 535-536 [581-582], XXI 516-521 [570-576], 607-614 [677-685]).

Durante la guerra, a causa del blocco alleato, il sistema dei campi di concentramento fu esteso per utilizzare la mano d'opera di cittadini di paesi nemici, criminali, testimoni di Geova e comunisti. Si rilevò che anche l'America aveva imprigionato 11.000 testimoni di Geova (XI 513 [563]).

La Gran Bretagna aveva fatto le due guerre in dispregio del diritto internazionale, riducendo la Germania e tutti i territori occupati alla fame per mezzo del blocco navale (XIII 445-450 [492-497]; XVIII 334-335 [365-367]). Proprio ciò aveva reso necessaria l'introduzione di requisizioni e del lavoro obbligatorio nei territori occupati, che era legale anche secondo l'articolo 52 della quarta convenzione de L'Aia sulla guerra terrestre del 18 Ottobre 1907; ciò rese le popolazioni dei territori occupati felici di poter lavorare in Germania e inviare i loro salari alle famiglie (fra 2 e 3 miliardi di marchi durante la guerra).

Gli «schiavi» pagavano tasse tedesche sui loro salari ed erano puniti con multe, che non potevano superare il salario di una settimana (V 509 [571]). In caso di gravi infrazioni disciplinari, potevano essere inviati in un campo di lavoro (ma non in un campo di concentramento) per un periodo che non poteva superare i 56 giorni (XXI 521 [575-576]). Era severamente proibito picchiarli o maltrattarli.

I prigionieri di guerra potevano essere rilasciati dai campi di concentramento offrendosi come lavoratori volontari per l'industria; in questo caso, erano trattati come qualunque altro lavoratore industriale (XVIII 496-498 [542-544]), ma perdevano la protezione garantita ai prigionieri di guerra dalla convenzione di Ginevra. Tuttavia essi non potevano essere costretti a lavorare nell'industria.

Il regime di Vichy in Francia ottenne la liberazione e il rimpatrio immediato di 1 prigionero di guerra per ogni 3 lavoratori inviati in Germania per lavorare con un contratto per un periodo di sei mesi (XVIII 497 [543]). Non era possibile violare la convenzione di Ginevra sui prigionieri di guerra costringendo i prigionieri di nazionalità francese, belga o olandese a partecipare alle ostilità contro i loro paesi, perché i loro paesi non combattevano più (XVIII 472-473 [516]).

Per quanto riguarda l'attacco contro la Polonia, la crisi polacca esisteva già più di un anno prima del patto Molotov-Ribbentrop e dell'attacco tedesco e sovietico. In tutto questo periodo, i Polacchi non fecero mai appello a una procedura imparziale di arbitrato internazionale, né alla Società delle Nazioni, perché non desideravano una soluzione giusta. Essi erano contenti di poter continuare a violare i loro accordi internazionali con l'espulsione di cittadini polacchi di origine tedesca, nonché di centinaia di migliaia di Ebrei (XVI 275 [304]).

Secondo molti imputati e testimoni della difesa, l'influenza degli Ebrei polacchi sulla Germania era stata la causa immediata dell'antisemitismo tedesco (XXI 134-135 [155]; XXII 148 [169]). Gli Ebrei polacchi erano stati implicati in numerosi scandali finanziari e progetti truffaldini, come l'affare Barmat-Kutiska (XXI 569 [627]).

Riguardo alla «cospirazione per fare la guerra in violazione del diritto internazionale», furono gli Inglesi ad agire così con i loro bombardamenti in massa delle città. I soldati tedeschi andavano in battaglia con istruzioni dettagliate, secondo le quali i beni privati dovevano essere rispettati, i prigionieri essere trattati con umanità, le donne con rispetto, ecc. (IX 57-58 [68-69], 86 [100-101], XVII 516 [560]).

Le forze armate tedesche celebrarono molti processi con frequenti condanne a morte contro propri membri accusati di stupro o di saccheggio, anche se il valore degli oggetti rubati era insignificante (XVIII 368 [401-402], XXI 390 [431], XXII 78 [92]).

Secondo la convenzione de L'Aia, la requisizione della proprietà di un governo era legale. L'Unione Sovietica non aveva sottoscritto questa convenzione. Comunque nei paesi comunisti non c'era proprietà privata. Göring disse che era stato in Russia e che il popolo russo non aveva nulla che potesse essere rubato (IX 349-351 [390-393]).

Inoltre gli Alleati allora stavano facendo tutto ciò che rimproveravano ai Tedeschi (XXI 526 [581]; XXII 366-367 [418-420]).

Göring demolì l'accusa relativa agli «esperimenti medici in camere a pressione», dicendo che ogni aviatore doveva provare le sue reazioni alle alte quote; non c'era niente di sinistro in una cosiddetta «camera a pressione» (XXI 304-310 [337-344]). Gli Americani conducevano esperimenti medici mortali anche durante lo stesso processo di Norimberga (XIX 90-92 [102-104]; vedi anche XXI 356, 370 [393, 409]). Il Tribunale asserì, non senza ironia, che la «guerra difensiva» comportava un attacco preventivo (XXII 448 [508]), oppure un attacco per proteggere i cittadini di un paese straniero dal loro stesso governo (XIX 472 [527]; XXII 37 [49]), ma ciò non valeva per i Tedeschi (X 456 [513]). Le obiezioni secondo le quali i Tedeschi avevano fatto proprio questo principio furono ignorate.

I Sovietici avevano concentrato 10.000 carri armati e 150 divisioni lungo la frontiera orientale della Polonia, aumentando il numero degli aereoporti nella loro zona di occupazione polacca da 20 a 100. Poi furono trovate carte geografiche dettagliate che non potevano servire per scopi puramente difensivi. Da parte tedesca si riteneva che attendere un attacco sovietico contro le zone petrolifere della Romania o quelle carbonifere della Slesia sarebbe stato un suicidio (XIX 13-16 [20-23], XX 578 [630-631]; XXII 71 [85]).

Sembra molto improbabile che delle nazioni con enormi imperi coloniali (la Gran Bretagna, la Francia) o che rivendicavano la sovranità su interi emisferi (gli Stati Uniti) potessero accordarsi su una definizione di «guerra aggressiva» che fosse attuabile nella pratica. Nella sentenza di Norimberga si ammise che i termini «difesa», «aggressione» e «cospirazione» non erano stati mai definiti (XXII 464, 467 [527, 531]).

Sembra che la «guerra difensiva» non sia altro che il «bellum justum» medievale riciclato in un gergo liberale (IX 236-691 [268-782]; XVII 516-550 [560-597]; XXI 302-317 [335-351]).

Rudolf Hess

Secondo la relazione di Robert H. Jackson (citata dal giudice Bert. A. Röling del Tribunale di Tokio, vedi *A Treatise on International Criminal Law*. Edited by M. Cherif Bassiouni and Ved F. Nanda, Charles Thomas Publishers, vol. 1, pp. 590-608), a Norimberga gli Inglesi, i Francesi e i Sovietici non avevano nessuna voglia, per ovvie ragioni, di accusare i Tedeschi del crimine di «guerra di aggressione». Quest'accusa fu inventata dagli Americani con un solo scopo, esplicito e confessato: giustificare le loro numerose violazioni del diritto internazionale.

Queste azioni illegali comprendono il Lend Lease Programme; il servizio di scorta e riparazione per le navi da guerra inglesi già da due anni prima di Pearl Harbor; il permesso dato alle navi da guerra inglesi di camuffarsi da navi americane sebbene gli Stati Uniti fossero ancora ufficialmente neutrali; la dichiarazione illegale di un limite delle acque territoriali di 300 miglia; l'occupazione dell'Islanda; i rapporti agli Inglesi sui movimenti dei sommergibili tedeschi e italiani; gli attacchi ai sommergibili tedeschi e italiani con bombardamenti e collisioni a partire dal Luglio 1941, e altri chiari atti di «guerra di aggressione».

Dunque Hess fu tenuto in carcere per 47 anni non soltanto per delle azioni che non erano illegali (il suo tentativo eroico di mettere fine alla guerra, salvare milioni di vite umane e impedire la distruzione dell'Europa e dell'impero britannico), ma per dei «crimini» che furono inventati per nascondere i crimini dei suoi accusatori.

A Norimberga non si asserì che la Germania avesse commesso un'«aggressione» contro l'Inghilterra e la Francia, ma rimase in sospeso se l'Inghilterra e la Francia avessero commesso un'«agressione» contro la Germania (IX 473 [525]; XVII 580 [629]).

Hess fu accusato di aver tentato, d'accordo con Hitler, di far uscire l'Inghilterra dalla guerra in modo che Hitler potesse attaccare l'Unione Sovietica. La sua linea difensiva fu che la sua azione era stata sincera, pura: egli non sapeva niente dell'attacco all'Unione Sovietica.

La perorazione della difesa di Rudolf Hess appare nel vol. XIX pp. 353-396 [390-437].

La sua dichiarazione finale – quasi l'unica da lui resa verbalmente (XXII 368-373 [420-425]) – dà l'impressione di un uomo che un momento sembra essere totalmente pazzo e un momento dopo è lucidissimo, sano e logico. E'possibile che egli abbia acquisito questa condizione in Inghilterra.

Rudolf Höss

Rudolf Höss fu il comandante di Auschwitz. Le sue presunte «confessioni» avrebbero «dimostrato» che Hitler fece gasare sei milioni di Ebrei (o cinque milioni, cifra normalmente citata al processo di Norimberga). La sua «confessione» più conosciuta è quella citata da William L. Shirer in *The Rise and Fall of the Third Reich*.

Questo documento, il PS-3868, deve essere considerato nel suo contesto. La «dichiarazione» scritta alla presenza di una sola delle parti fu un importantissimo strumento dell'accusa nei processi di stregoneria medievali. Questo strumento scomparve poi per parecchi secoli, per riapparire ai processi spettacolari comunisti e ai processi per crimini di guerra.

Questi documenti costituiscono un'infrazione di numerose regole di procedura penale normale, per esempio, la regola contro la formulazione di domande che suggeriscano le risposte, la regola contro l'introduzione di dichiarazioni anteriori concordanti (cioè la fabbricazione di prove per ripetizione; normalmente tali documenti venivano presentati soltanto quando contraddicevano dichiarazioni fatte più tardi); il diritto dell'imputato di essere messo a confronto con il suo accusatore e di controinterrogarlo e la prerogativa contro l'autoaccusa. Le «prove» addotte ai processi per crimini di guerra non erano ammissibili neanche davanti a una corte marziale. Ancora nel 1946, la presentazione a una corte marziale, da parte dell'accusa, di dichiarazioni scritte, in casi di importanza capitale, era proibita dall'articolo 25 del codice penale militare di guerra americano. L'articolo 38 esigeva l'impiego delle regole di prova procedurali federali (Federal Rules of Evidence).

A Norimberga non si pretese mai che Höss avesse scritto questo documento personalmente. Se fosse così, il documento non direbbe «Io capisco l'inglese come è scritto sopra», bensì «Io ho scritto questo documento personalmente». Nei processi per crimini di guerra di minore importanza (Hadamar, Natzweiler), è molto facile trovare «confessioni» scritte completamente in inglese con la calligrafia dell'interrogatore, con un paragrafo finale in tedesco, con la calligrafia del prigionero, che asserisce che le dichariazioni riportate sopra sono state rese da lui e che egli è soddisfatto della loro traduzione in inglese! Un'altra formula si trova a pagina 57 del volume relativo al processo di Hadamar nel libro *War Crimes Trials* scritto da Sir David Maxwell-Fyfe: «I certify that the above has been read to me in German, my native tongue» (Certifico che quanto sopra mi è stato letto in tedesco, mia lingua materna).

Si affermava che il prigioniero era stato interrogato da un interrogatore in forma di domande e risposte, ma poi le domande venivano soppresse e le risposte raggruppate in forma di dichiarazione giurata, normalmente da una persona diversa dall'interrogatore che aveva posto le domande.

Al processo Belsen, per esempio, tutte le deposizioni furono scritte da un unico ufficiale, il maggiore Smallwood. In questo processo, una specie di processo Auschwitz-Belsen insieme, gli avvocati della difesa, inglesi e polacchi non-comunisti designati dal Tribunale, demolirono completamente le ragioni dell'accusa – comprese le «selezioni per le gasazioni in massa» – ma i loro argomenti furono respinti col pretesto che le dichiarazioni involontarie e per sentito erano ammissibili «non per condannare degli innocenti, ma per condannare i colpevoli». (*Law Reports of Trials of War Criminals*, vol. II – questo breve volume deve essere letto interamente.)

Dopo la stesura della dichiarazione giurata da parte dell'ufficiale addetto a questo compito, il documento veniva presentato al prigioniero per la firma. Se rifiutava di firmare, la dichiarazione giurata veniva presentata ugualmente al Tribunale come prova. Nel gergo dei processi dei crimini di guerra, le obiezioni vertevano sul «peso» del documento, non sulla sua «ammissibilità».

Un esempio di una dichiarazione giurata non firmata di Höss è il documento NO-4498-B. La lettera B significa che il documento è una «copia» con firma dattilografata di un documento «originale», il documento NO-4498-A, scritto in polacco, presuntamente firmato da Höss. Esiste anche un documento NO-4498-C, in inglese. Le dichiarazioni giurate A e C non sono annesse alla dichiarazione B, la cosidetta «copia conforme».

Il documento PS-3868, citato da Shirer, nella stesura in inglese reca tre firme, ma nella «traduzione» in tedesco di tre giorni dopo non appare alcuna firma. Il documento contiene una variazione insignificante siglata da Höss, con una «h» e un'intera frase nella calligrafia dell'interrogatore (ciò appare evidente dal confronto delle

«W» maiuscole) non siglata da Höss. La sigla serve ovviamente a «dimostrare» che Höss ha «letto e corretto» il documento. Il contenuto di questa frase manoscritta è stato respinto altrove (XXI 529 [584]).

Quando la dichiarazione giurata veniva presentata al prigioniero, spesso era stata ampiamente corretta, il che portava all'esistenza di due più versioni dello stesso documento. In questi casi, le versioni più lunghe sono quelle che vengono «citate», mentre quelle più corte sono andate «perdute». Un esempio di questa prassi è il documento D-288, citato da Shirer alle pagine 1443-1444 dell'opera menzionata sopra (traduzione ialiana), la dichiarazione giurata di Wilhelm Jäger (vedi il paragrafo dedicato a Albert Speer).

Jäger testimoniò di aver firmato 3 o 4 copie dello stesso documento, che era molto più breve. La dichiarazione giurata più breve fu originariamente presentata contro Krupp padre, prima che le accuse contro di lui fossero lasciate cadere. Nella versione più lunga, la traduzione inglese reca una data anteriore a quella che accompagna la firma sull'«originale». L'apparizione di Jäger davanti al Tribunale fu un disastro completo, ma ciò è stato dimenticato (XV 264-283 [291-312]).

Se il firmatario si presentava per testimoniare, contraddiceva regolarmente la sua dichiarazione giurata, ma le contraddizioni vengono ignorate. Altri firmatari di dichiarazioni giurate la cui apparizione davanti al Tribunale si rivelò catastrofica, sono, tra gli altri, il general Westhoff, che contraddisse la sua «dichiarazione» non giurata 27 volte (XI 155-189 [176-212]); e un «esperto in guerra batteriologica», Schreiber (XXI 547-562 [603-620]). Paul Schmidt era stato l'interprete di Hitler; la sua dichiarazione giurata, documento PS-3308, gli fu presentata per la firma quando era troppo malato per leggerla attentamente ed egli in seguito la ripudiò parzialmente (X 222 [252]); tuttavia essa fu utilizzata ugualmente contro Von Neurath (XVI 381 [420-421] XVII 40-41 [49-50]). Ernst Sauckel firmò una dichiarazione giurata coatta prima dal suo arrivo a Norimberga (XV 64-68 [76-80]) sotto la minaccia che sua moglie e i suoi dieci figli fossero consegnati ai Polacchi o ai Sovietici.

Dato che i firmatari scrivevano molto raramente le loro «dichiarazioni» (se mai le scrivevano), è molto facile trovare frasi o paragrafi identici o quasi in documenti diversi, perfino quando si pretende che siano stati redatti da persone diverse in date diverse, per esempio, le dichiarazioni giurate 3 e 5 di Blaskovitz e Halder (elementi di prova US-536 e 537; documenti URSS-471, 472 e 473; documenti URSS-264 e 272: dichiarazioni concernenti il sapone fatto con grasso umano).

Tra le altre dichiarazioni giurate firmate da Höss c'è il documento NO-1210, del quale prima fu redatta una versione in inglese, con ampie interpolazioni, aggiunte e correzioni e con due differenti stesure delle pagine 4 e 5, che poi fu tradotta in tedesco e firmata da Höss. Dunque il «documento originale» è la traduzione, e la «traduzione» è il documento originale.

Il documento D-749(b) fu «tradotto oralmente» dall'inglese in tedesco a Höss prima che egli lo firmasse. La firma è incerta, quasi illegibile, il che potrebbe essere indizio di malattia, fatica, o maltrattamenti. I maltrattamenti inflitti a Höss dagli Inglesi sono stati descritti da Rupert Butler nel libro *Legions of Death* (Hamlyn Paperbacks).

La «confessione» citata da Sir David Maxwell-Fyfe il 10 Aprile 1946, nella quale Höss avrebbe «confessato» l'uccisione di 4 milioni di Ebrei (X 389 [439-440]), invece dei 2,5 milioni del 5 Aprile 1946, se non si tratta di un pesce d'aprile, non è mai esistita o è andata «perduta» subito.

Non è vero che la testimonianza di Höss al processo di Norimberga abbia constituito, per la maggior parte, una conferma delle affermazioni da lui fatte nella sua «dichiarazione giurata;» ciò è vero solo per il suo controinterrogatorio condotto dal colonnello John Amen, dell'esercito degli Stati Uniti.

Al contrario, Höss apparve per testimoniare, e, come al solito, contraddisse continuamente la sua dichiarazione giurata e sé stesso (XI 396-422 [438-466]). Per esempio, laddove la dichiarazione giurata afferma (XI 416 [460]): «Sapevamo quando le vittime erano morte, perché cessavano di gridare» (una impossibilità tossicologica evidente) la sua testimonianza verbale (XI 401 [443]) in risposta alle domande dell'avvocato difensore di Kaltenbrunner, che miravano ovviamente ad ottenere determinate risposte), asserisce che le vittime cadevano inconsce, perciò non si spiega come egli avesse «saputo» quando erano morte.

Sembra che egli abbia dimenticato di accennare al fatto che l'uccisione degli insetti con lo Zyklon B richiedeva due giorni, fatto che menziona altrove (documento NI-036, p. 3, testo tedesco, risposta alla domanda 25; vedi ancheKommandant in Auschwitz, p. 155). Con un veleno che agisce in modo così lento, le vittime sarebbero morte per soffocamento.

Höss pretende che l'ordine di uccidere gli Ebrei europei gli fu impartito verbalmente (XI 398 [440]), mentre gli ordini di mantenere il segreto sulle uccisioni gli sarebbero stati dati più volte per iscritto (XI 400 [442]). Egli pretende inoltre che le vittime ad Auschwitz furono cremate in profonde fosse, in un terreno notoriamente acquitrinoso (XI 420 [464]); i denti d'oro venivano fusi sul posto (XI 417 [460]); ma egli dichiara anche che l'evacuazione dei prigionieri per evitare la loro cattura da parte dei Sovietici avrebbe condotto a morti che si potevano evitare (XI 407 [449-450]); e che quasi non c'era stato alcun programma di sterminio! Vale la pena di citare questo passo: «Fino all'inizio della guerra, nel 1939, nei campi le condizioni relative al vitto, all'alloggio e al trattamento dei prigionieri erano le stesse di ogni altra prigione o istituto di pena del Reich. I prigionieri erano trattati severamente, certo, ma non esistevano percosse o maltrattamenti metodici. Il Reichsführer impartì ripetutamente ordini secondo i quali qualunque soldato SS avesse maltrattato un prigioniero sarebbe stato punito, e infatti molto spesso dei soldati SS furono puniti per questo motivo. In questo periodo il vitto e l'alloggio erano pienamente conformi alla normativa valida per tutti gli altri prigionieri sotto amministrazione giudiziaria. In questo periodo l'alloggiamento, nei campi, fu sempre normale, perché non era ancora cominciato l'afflusso in massa che ci fu durante la guerra. All'inizio della guerra, quando cominciarono ad arrivare in massa i detenuti politici, e successivamente, quando giunsero i partigiani dei territori occupati che erano stati catturati, gli edifici e l'estensione dei campi non bastavano più per il numero dei detenuti che arrivavano. Nei primi anni della guerra, questo problema si poté risolvere sempre con misure improvvisate; ma in seguito, a causa delle restrizioni imposte dalla guerra, ciò non fu più possibile, perché non si disponeva quasi per niente di materiali da costruzione.» (N.B. Ma si pretende che le vittime del presunto sterminio in massa siano state cremate usando come combustibile la legna!)... «Ciò portò al fatto che i detenuti nei campi non avevano più alcuna capacità di resistenza contro le epidemie che si svilupparono gradualmente...

Lo scopo non era quello di avere il maggior numero di morti possibile, o di annientare il maggior numero di detenuti possibile. Il Reichsführer era costantemente alle prese con il problema di impiegare tutte le forze possibili nelle industrie degli armamenti...

Questi presunti maltrattamenti e torture nei campi di concentramento, storie che furono divulgate dappertutto fra il popolo, poi soprattutto dai detenuti liberati dagli eserciti di occupazione, non furono atti metodici, come si suppone, ma eccessi di comandanti, graduati o soldati semplici che li trattarono con violenza...

Se venivo a conoscenza di un tale fatto, il colpevole veniva naturalmente esonerato dal suo posto e trasferito altrove, sicché, anche se non era punito perché non c'erano prove sufficienti per dimostrare la sua colpevolezza, veniva comunque esonerato ed assegnato a un altro incarico...

La situazione catastrofica alla fine della guerra fu dovuta al fatto che, in conseguenza della distruzione delle ferrovie e dei bombardamenti continui delle fabbriche industriali, non si poté più garantire il regolare approvvigionamento di queste masse – penso ad Auschwitz, con i suoi 140.000 detenuti – sebbene i comandanti tentassero in ogni modo di migliorare questa situazione con misure improvvisate, con colonne di autocarri: non fu più possibile.

Il numero dei malati cresceva smisuratamente. Non c'erano quasi più medicine e dappertutto infuriavano epidemie. I detenuti abili al lavoro furono utilizzati costantemente. Per ordine del Reichsführer, anche i malati leggeri dovevano essere impiegati in qualunque posto dell'industria potessero lavorare, sicché qualunque luogo nei campi di concentramento fosse disponibile per l'alloggiamento, era pieno di detenuti malati e moribondi...

Alla fine della guerra, esistevano ancora 13 campi di concentramento. Tutti gli altri punti segnati su questa carta geografica, indicano i cosidetti campi di lavoro annessi alle fabbriche d'armamenti situate lì...

Se ci furono maltrattamenti di detenuti da parte delle guardie – personalmente io non ne ho mai visti – ciò fu possibile soltanto in modo limitato, perché tutti gli ufficiali responsabili dei campi badavano che i soldati SS avessero meno contatti diretti possibile con i detenuti; infatti gradualmente, nel corso degli anni, il personale di guardia si era degradato a tal punto che non si potevano più mantenere le vecchie norme...

Avevamo migliaia di guardie provenienti da tutti i paesi del mondo che si erano arruolati come volontari in queste unità e che parlavano appena il tedesco; o uomini più anziani, tra i 50 e i 60 anni, che non avevano alcun interesse nel loro lavoro, perciò un commandante doveva preoccuparsi continuamente che questi uomini adempissero perfino le norme più elementari dei loro doveri. E'ovvio che tra di essi c'erano elementi che maltrattavano i detenuti, ma tali maltrattamenti non furono mai tollerati.

Inoltre non fu più possibile far dirigere queste masse di persone dai soldati SS al lavoro e nei campi, sicché fu necessario delegare dei detenuti per dare istruzioni ad altri detenuti e farli lavorare, e costoro avevano l'amministrazione del campo quasi esclusivamente nelle loro mani.

Senza dubbio ci furono molti maltrattamenti che non si poterono evitare perché all'interno dei campi, di notte, non c'era quasi nessuna SS.

Agli uomini delle SS non era consentito entrare nei campi se non in casi specifici, perciò i detenuti erano più o meno esposti ai detenuti con incarichi di controllo.» Domanda (fatta dall'avvocato difensore delle SS, dott. Ludwig Babel): «Lei ha già accennato ai regolamenti relativi alle guardie, ma c'era anche un ordinamento valido per tutti i campi. In quest'ordinamento dei campi erano stabilite le punizioni per i detenuti che commettevano infrazioni ai regolamenti dei campi. Quali erano queste punizioni?».

Risposta (di Höss): «Anzitutto, trasferimento a una "compagnia di punizione" (Strafkompanie), cioè, lavoro più duro e restrizioni nell'alloggio; poi incarcerazione nel blocco delle celle di detenzione in una cella buia; in casi molto gravi, incatenamento o legamento. La punizione del legamento (Anbinden) fu proibita dal Reichsführer nel 1942 o 1943, non ricordo esattamente quando. Poi c'era la punizione che consisteva nello stare sull'attenti (Strafstehen) all'entrata del campo, infine la bastonatura. Nessun comandante poteva infliggere questa punizione di sua iniziativa, ma poteva soltanto proporla.» (Testimonianza verbale di Rudolf Höss, 15 Aprile 1946, XI 403-411 [445-454]).

Sembra che Höss abbia avuto l'intenzione di proteggere sua moglie e i suoi due figli, e di salvare altri imputati, affermando che soltanto 60 persone avevano saputo degli stermini in massa. Höss tentò di salvare Kaltenbrunner implicando Eichmann e Pohl, che non erano ancora stati catturati. (Per un caso simile, vedi la deposizione di Heisig, che tentò di implicare Raeder, XIII 460-461 [509-510]).Höss fu un «testimone della difesa», e il suo controinterrogatorio da parte dell'accusa fu interrotto bruscamente dall'accusa stessa (XI 418-419 [461-462]). Forse gli accusatori temevano che Höss facesse crollare il loro castello di menzogne.

La famosa «autobiografia» di Höss, *Kommandant in Auschwitz*, probabilmente preparata in forma di domande e risposte nel corso degli interrogatori come una «deposizione» gigantesca, poi redatta per essere copiata con la calligrafia di Höss, non è migliore della sua testimonianza a Norimberga. In questo libro, le fiamme delle cremazioni erano visibili da molti chilometri (p. 179 del testo italiano), il puzzo era percettibile da chilometri di distanza (p. 179). Tutti nella regione erano a conoscenza degli stermini (p. 179), ma la sua famiglia non ne aveva mai saputo nulla (p. 139); le vittime sapevano che sarebbero state gasate (p. 130, 133), ma era possibile ingannarle (p. 133; vedi anche il documento PS-3836). Höss fece le sue «confessioni» sotto l'effetto dell'alcool e della tortura (p. 149).

Non è esatto che in questo libro (p. 126 del testo tedesco) sia scritto che i cadaveri venivano estratti dalle camere a gas dai Kapos mangiando e fumando e senza maschere antigas; il testo non dice questo.

(Robert Faurisson ha dimostrato che questa affermazione fu fatta da Höss altrove, nel corso di un interrogatorio.) La «traduzione» polacca di questo libro, pubblicata prima del «testo originale» tedesco, sembra concordare con il testo tedesco, ma mancano i nomi dei luoghi e delle date; il testo polacco probabilmente fu scritto prima e questi dettagli furono poi inseriti in quello tedesco.

Il testo integrale non espurgato delle «opere complete» di Rudolf Höss (in polacco) sono disponibili tramite prestito blibliotecario internazionale ("Wspomnienia Rudolfa Hoessa, Komendanta Obozu Oswiecimskiego").

Tribunale militare internazionale per l'Estremo Oriente

(A paragonare con Norimberga)

Mentre gli imputati tedeschi stavano per essere condannati per avere fabbricato il «sapone umano», (cosa presa sul serio nella settima edizione del prestigioso *International Law* di Oppenheim & Lauterpacht, vol. II, p. 450), gli imputati giapponesi stavano per essere condannati per aver preparato la «zuppa umana».

Non si tratta qui di un semplice errore di stampa («soap/soup»); al contrario, nel 1948 fu considerato un «fatto provato» che i Giapponesi erano una razza di cannibali

Il Generale Yamashita

abituali, ai quali era proibito sotto pena di morte di divorare i cadaveri dei propri soldati, ma che erano incoraggiati ufficialmente a mangiare quelli degli Americani. I cadaveri degli Americani venivano serviti fritti o in zuppa; i cadaveri venivano divorati anche quando erano disponibili altri cibi. Perciò i Giapponesi si erano dati al cannibalismo per libera scelta piuttosto che per necessità. Le parti del corpo preferite dal punto di vista culinario erano il fegato, il pancreas, e la vescica biliare; i Cinesi venivano inghiottiti in pillole! I processi nei quali questa accusa fu «dimostrata» sono, fra gli altri, U.S. vs. Tachibana Yochio and 13 others, Mariana Islands, 2-15 Agosto, 1946; Commonwealth of Australia, vs. Tazaki Takehiko, Wewak, 30 Novembre 1945; Commonwealth of Australia vs. Tomiyasu Tisato, Rabaul, 2 Aprile 1946, e il più complicato di tutti i processi per crimini di guerra della storia, l'«International Military Tribunal for the Far East» (IMTFE), personalmente controllato da Douglas MacArthur, che si svolse dal Maggio 1946 al Dicembre 1948 (vedi anche *The Tokio Judgement*, vol. 1, pp. 409-410. University of Amsterdam Press, 1977, pp. 49,674-675 della trascrizione ciclostilata).

I 25 imputati che sopravvissero al processo furono tutti condannati; 7 furono impiccati.

I crimini ad essi attribuiti sono i seguenti: Preparazione, inizio e attuazione di una «guerra di aggressione» contro l'Unione Sovietica (l'Unione Sovietica attaccò il Giappone due giorni dopo Hiroshima, in violazione di un patto di non aggressione; lo stesso giorno fu firmato l'accordo di Londra, in base al quale fu celebrato il processo di Norimberga); preparazione, inizio e attuazione di una «guerra di aggressione» contro la Francia (la Francia si trova in Europa); blocco marittimo illegale e bombardamento indiscriminato della popolazione civile (processo contro Shimada), dunque, ciò che gli Inglesi facevano in Europa, se lo facevano i Giapponesi, era criminale; processo illegale contro «criminali di guerra» davanti a un tribunale militare (processo contro Hata e Tojo; vedi anche U.S. vs. Sawada, probabilmente l'accusa più ipocrita di tutte; le vittime furono 7 Americani che avevano bombardato indiscriminatamente la popolazione civile giapponese bruciando vive 80.000 donne e bambini); infine, cannibalismo. Non fu asserito che gli imputati avevano mangiato qualcuno personalmente.

Ecco alcune delle «prove»:

– rapporti di commissioni sovietiche per i crimini di guerra;

– rapporti di commissioni cinesi per i crimini di guerra;

– rapporti sovietici basati su documenti giapponesi non annessi ai rapporti;

– sommari delle aggressioni militari giapponesi in Cina (redatti dai Cinesi);

– 317 Judge Advocate General War Crimes Reports (rapporti di commissioni di crimini di guerra americane, lunghezza totale: 14.618 pagine); questi rapporti «citano» presunti documenti giapponesi «catturati», come diari personali, confessioni di cannibalismo, ordini di commettere degli stermini in massa, ordini di gasare i prigionieri in isole lontane nel sud-Pacifico, ecc.; i presunti documenti «catturati» non furono mai annessi ai rapporti né fu mai pretesa la prova della loro autenticità o della loro esistenza;

– dichiarazioni giurate di soldati giapponesi prigionieri in Siberia;

– dichiarazioni di soldati giapponesi che si riferiscono ai Giapponesi come al «nemico»;

– dichiarazioni giurate di ufficiali dell'Armata Rossa;

– dichiarazioni giurate di aborigeni analfabeti di isolette del Sud-Pacifico;

– ritagli di giornali americani (prove ammissibli per l'accusa, ma normalmente non per la difesa; cioè, gli avvenimenti in Cina furono provati mediante citazioni dal *Chicago Daily Tribune, New Orleans Times-Picayune, Sacramento Herald, Oakland Tribune, New York Herald, New York Times, Christian Science Monitor*, ecc.);

– la dichiarazione giurata di Marquis Takugawa (redatta in inglese e mai letta a lui in giapponese);

– le dichiarazioni di Okawa (Okawa fu dichiarato pazzo e internato in un manicomio, ma le sue dichiarazioni furono utilizzate come prove);

– la testimonianza di Tanaka (un testimone professionista pagato dagli Americani; Okawa, quando era ubriaco, confessava qualunque cosa a Tanaka; Tanaka «il mostro» Ryukichi era presuntamente responsibile di milioni di atrocità, ma non fu mai imputato; al contrario, viaggiava liberamente per tutto il Giappone);

– il diario personale di Kido (il fior fiore dei pettegolezzi su tutti quelli che a Kido non piacevano);

– le memorie di Harada (Harada era stato vittima di un attacco cerebrale, perciò il testo da lui dettato era incomprensibile; fino a che punto fosse capace di ricordare e che cosa avesse voluto dire esattamente, Dio solo lo sa; le traduzioni furono delle mere congetture; molte «copie» furono «corrette» da varie persone diverse da quelle alle quali egli aveva dettato e che non erano neppure state presenti; a ciò si aggiunge il fatto che egli aveva una reputazione di bugiardo abituale).

La «Risposta dell'accusa al Le argomentazioni della difesa» alla fine del processo respinse tutte le prove della difesa, affermando che i documenti erano i testimoni i migliori. Quando l'accusa e la difesa citavano lo stesso documento, la citazione della difesa era pretesamente sempre estrapolata dal contesto, la citazione dell'accusa non lo era mai. Il sentito dire aveva valore di prova; i ritagli di giornale avevano valore di prova; le testimonianze dei testimoni della difesa non avevano alcun valore di prova; i controinterrogatori erano una perdita di tempo.

Cinque degli undici giudici, l'australiano William Webb, il filippino Delfin Jaranilla, l'olandese Bert A. Röling, il francese Henri Bernard e l'indiano R.B. Pal dissentirono. Pal mise per iscritto il suo dissenso in un'opera di 700 pagine nella quale definiva le prove dell'accusa relative alle atrocità come «per la maggior parte senza valore», rilevando sarcasticamente che sperava che uno dei documenti fosse scritto in giapponese.

Una particolarità dei processi per crimini di guerra è che, lungi dal provare alcunché, essi si contraddicono tutti. Al processo di Tokio si assunse che i Cinesi avevano avuto il «diritto» di violare i trattati «ingiusti», e i tentativi giapponesi di far rispettare questi trattati, appunto perché erano «ingiusti», costituivano una «aggressione».

Quando furono sganciate le bombe atomiche, Shigemitsu tentava di negoziare una capitolazione già da quasi undici mesi, cioè dal 14 Settembre 1944. Naturalmente ciò fu distorto in un nuovo crimine: «prolungamento della guerra per mezzo di negoziati»! Le «prove» delle attività cannibalesche giapponesi si possono trovare in JAG Report 317, pp. 12.467-468 della trascrizione ciclostilata delle udienze, elementi di prova 1446 e 1447, pp. 12.576-577; elemento di prova 1873, pp. 14.129-130, ed elementi di prova 2056 e 2056A et B, pp. 15.032-42.

Alfred Jodl

Jodl fu impiccato per la sua complicità nel «Kommandobefehl», l'ordine di fucilare i soldati inglesi che combattevano in abiti civili e strangolavano i loro prigionieri di guerra (XV 316-329 [347-362]).

La linea difensiva di Jodl fu che il diritto internazionale è inteso a proteggere gli uomini che combattono come soldati. Esso esige che i soldati portino le armi apertamente, che abbiano insegne o uniformi chiaramente riconoscibili e che trattino i prigionieri con umanità. La guerra partigiana e le attività dei commandi inglesi erano

proibite dal diritto internazionale. Il processo e la condanna a morte di tali commandi erano legali se conformi all'articolo 63 della Convenzione di Ginevra sui prigionieri di guerra del 1929. (N.B.: Vedi anche il *Dissentient Judgement of Judge Rutledge*, U.S. vs. Yamashita e l'Habeas Corpus Action of Field Marshall Milch.

Per la verità, ben pochi uomini furono giustiziati in base a quest'ordine (secondo Sir David Maxwell-Fyfe, 55 nell'Europa occidentale, XXII 284 [325]). L'intenzione era quella di dissuadere i nemici dal combattere in questo modo, affinché non credessero di potersi semplicemente arrendere dopo le loro azioni di guerriglia.

Un altro «crimine» di Jodl fu la comunicazione al comandante in capo dell'esercito che Hitler aveva ripetuto un'ordine, che aveva già impartito in precedenza, secondo il quale non si doveva accettare un'offerta di resa di Leningrado.

Come tanti altri crimini tedeschi, anche questo restò un'idea senza conseguenze, poiché non fu mai ricevuta alcuna offerta di resa.

L'intenzione era di indurre la popolazione a ritirarsi, poiché era impossibile alimentare milioni di civili e di prigionieri ed evitare le epidemie. Nelle linee tedesche all'Est furono lasciati dei corridoi per permettere alla popolazione di ritirarsi. Kiev, Odessa e Kharkov si erano già arrese, ma i Sovietici prima di abbandonarle le minarono, uccidendo migliaia di soldati tedeschi con bombe a scoppio ritardato. I complessi portuali erano necessari per scopi militari; le ferrovie russe avevano uno scartamento diverso da quello delle ferrovie tedesche e non era possibile trasportare all'interno gli approvvigionamenti per alimentare milioni di prigionieri o di Ebrei affamati. La menzogna sovietica che i Tedeschi uccisero milioni di prigionieri di guerra sovietici può essere presa sul serio soltanto da chi non conosce le cause della mortalità di questi prigionieri. L'ordine relativo a Leningrado, documento C-123, non è stato firmato.

Il caso Jodl illustra l'assurdità dell'intero processo, come rilevò il suo avvocato difensore, il dott. Exner: «Assassinio e rivoluzione.

In tempo di pace, questo avrebbe significato la guerra civile; in tempo di guerra, il crollo immediato del fronte e la fine del Reich. Egli avrebbe dunque dovuto gridare: Fiat iustitia, pereat patria? Sembra che l'accusa sia veramente dell'opinione che si potesse esigere una tale condotta dagli imputati.

Che trovata stupefacente! Se mai assassinio e rivoluzione possano essere giustificati moralmente, si dovrà lasciare ai filosofi e ai teologi. Comunque, noi giuristi non possiamo nemmeno discuterne.

Essere obbligati sotto pena di punizione ad uccidere il capo dello Stato? Un soldato dovrebbe far ciò? E per di più durante la guerra? Coloro che hanno commesso tali crimini sono stati sempre puniti, ma punire per non averli commessi sarebbe davvero una novità» (XIX 45 [54]; XXII 86-90 [100-105]).

(N.B.: In Giappone i generali furono impiccati appunto per essersi intromessi nella politica.) In un altro punto, il dott. Exner disse: «In una sola pagina del trial-brief (fascicolo del processo) anglo-americano si legge sei volte: "Jodl was present at" (Jodl era presente a). Che cosa significa questo dal punto di vista legale?» (XIX 37 [44]).

Uno dei procuratori sovietici, il colonnello Pokrovsky, chiese a Jodl: «Sa che le truppe tedesche ... impiccavano i prigionieri di guerra a testa in giù e li arrostivano allo spiedo? Lo sapeva?» Jodl gli rispose: «Non soltanto non lo sapevo, ma neppure lo credo» (XV 545 [595]).

Tutto il vasto campo dei processi di crimini di guerra è riassunto in queste tre frasi (XV 284-561 [313-612]; XVIII 506-510 [554-558]; XIX 1-46 [7-55]).

Ernst Kaltenbrunner

A Kaltenbrunner, nel corso del suo controinterrogatorio, fu chiesto con indignazione come potesse avere la sfacciataggine di pretendere che lui solo diceva la verità e che 20 o 30 testimoni mentivano tutti (XI 349 [385]).

I «testimoni», naturalmente, non apparivano davanti al Tribunale; si trattava di nomi scritti su pezzi di carta. Uno di essi è Franz Ziereis, comandante del campo di concentramento di Mauthausen.

Ziereis «confessò» di aver gasato 65.000 persone, di aver fatto dei paralumi di pelle umana e di aver contraffatto denaro. Inoltre, stilò una complicata tabella di informazioni statistiche contenente una lista del numero esatto di prigionieri in 31 campi di lavoro differenti. Infine egli accusò Kaltenbrunner di aver dato l'ordine di uccidere tutti i detenuti del campo di Mauthausen all'avvicinarsi degli Americani.

Ziereis era già morto da 10 mesi alla data della sua «confessione»; questa non fu redatta da lui, ma fu «ricordata» da qualcun altro, che non apparve neanche lui davanti al Tribunale, la cui firma però appare sul documento (PS-3870, XXXIII 279-286): l'ex detenuto Hans Marsalek.

Il testo delle pagine da 1 a 6 di questo documento è scritto tra virgolette (!), inclusa la tabella statistica che dichiara, per esempio, che a Ebensee c'erano 12.000 prigionieri, a Mauthausen 12.000, a Gusen I e II 24.000, a Schloss-Lindt 20, a Klagenfurt-Junkerschule 70, ecc., per tutti i 31 campi della tabella.

Il documento non è stato firmato da nessuno che asserisca di essere stato presente alla presunta «confessione»; nessuna delle informazioni presuntamente prese all'epoca è stata annessa al documento. Il documento reca soltanto due firme: quella di Hans Marsalek, il prigioniero, e quella di Smith W. Brookhart Jr., dell'esercito degli Stati Uniti, e la data dell'8 Aprile 1946. Ziereis morì il 23 Maggio 1945.

Si pretese dunque che Ziereis allora fosse troppo malato per firmare un documento (egli morì per le ferite prodotte da colpi di fucile allo stomaco), ma sarebbe stato in salute tanto buona da dettare questo lungo e complesso documento, «ricordato» poi letteralmente in modo perfetto da Marsalek per dieci mesi e mezzo. Naturalmente Marsalek non aveva alcun motivo per mentire. Il documento è scritto in tedesco.

Brookhart era uno scrittore fantasma di confessioni, che scrisse anche le confessioni di Rudolf Höss (in inglese, documento PS-3868) e quella di Otto Ohlendorf (in tedesco, documento PS-2620).

(Indirizzo di Brookhart nel 1992: 18 Hillside Drive, Denver Colorado, USA. Era il figlio del Senatore di Washington Iowa.) La «confessione» di Ziereis continua tuttavia ad essere presa più o meno sul serio da Reitlinger, Shirer, Hilberg ed altri venditori ambulanti di Holoroba vecchia.

Kaltenbrunner affermò che durante la guerra esistevano 13 campi di concentramento centrali o «Stammlager» (XI 268-269 [298-299]). Il totale generale di 300 campi di concentramento asserito dall'accusa era stato ottenuto inserendo nella lista campi di lavoro del tutto normali.

Il tredicesimo campo, Matzgau, nei pressi di Danzica, era un campo speciale: i suoi detenuti erano guardie SS e uomini della polizia che erano stati condannati per delitti contro i detenuti loro affidati: maltrattamenti fisici, malversazioni di fondi, furti di effetti personali, ecc. Questo campo, con la sua popolazione di prigionieri SS, alla fine della guerra cadde nelle mani dei Sovietici (XI 312, 316 [345, 350]).

Kaltenbrunner dichiarò che le sentenze dei tribunali SS e della polizia erano molto più severe di quelle dei tribunali ordinari per le stesse infrazioni. Le SS processarono frequentemente i loro membri imputati di delitti contro i detenuti o di infrazioni alla disciplina (XXI 264-291, 369-370 [294-323, 408-409]).

Gli interrogatori di «terzo grado» erano permessi dalla legge al solo scopo di ottenere informazioni riguardo alle attività future di resistenza; tali metodi erano proibiti al fine di ottenere confessioni.

Questi interrogatori richiedevano la presenza di un medico, e consentivano un totale di 20 colpi di bastone sulle natiche nude, ma soltanto una volta; poi questa procedura non si poteva più ripetere.

Altre forme di «tortura nazista» legale erano, fra le altre, la detenzione in una cella buia o lo stare in piedi durante lunghi interrogatori (XX 164, 180-181 [184, 202-203]; XXI 502-510; 528-530 [556-565, 583-584]).

Kaltenbrunner e molti altri testimoni della difesa affermarono che tali metodi erano praticati dalle polizie di tutto il mondo (XI 312 [346]); e che rispettabili ufficiali di polizia stranieri avevano visitato la Germania per studiare i metodi tedeschi (XXI 373 [412]).

Le prove della difesa su ciò e su argomenti connessi ammontano a migliaia di pagine, fra la trascrizione delle udienze del tribunale, le deposizioni davanti alla commissione e 136.000 dichiarazioni giurate (XXI 346-373 [382-412]; 415 [458], 444 [492]).

Kaltenbrunner fu condannato per concorso nel linciaggio degli aviatori alleati che avevano eseguito bombardamenti in massa della popolazione civile. I linciaggi sarebbero stati giustificati, ma non ebbero mai luogo. Numerosi aviatori alleati furono salvati dalle folle di civili ad opera di ufficiali tedeschi. I Tedeschi si rifiutarono di considerare tali metodi, temendo che avrebbero portato ad un massacro generale degli aviatori che si lanciavano con il paracadute. Come tanti altri crimini tedeschi, anche questo restò un'idea senza conseguenze (XXI 406-407 [449-450], 472-476 [522-527]).

Un altro crimine imputato a Kaltenbrunner fu la sua responsabilità nel cosiddetto «Kugelerlass» (decreto pallottola), cioè il presunto ordine di fucilare i prigionieri di guerra per mezzo di un dispositivo di misurazione (un congegno insensato molto probabilmente inspirato all'assurda «macchina di Paul Waldmann» per spaccare le teste con un martello azionato da un meccanismo a pedale) (URSS-52, VII 377 [416-417]).

Il «Kugelerlass», documento PS-1650, se il documento è autentico – il che è molto improbabile (XVIII 35-36 [43-44]) – è il frutto di una falsa traduzione: il senso dell'ordine è che i prigionieri che avessero tentato di fuggire dovevano essere incatenati a una «palla» di ferro («Kugel»), non già che dovevano essere uccisi con una pallottola («Kugel»). Nel documento appare il termine «incatenati», ma non il termine «sparare» o «uccidere» (III 506 [565]; XXI 514 [568]; Gestapo Affidavit [dichiarazione giurata] 75; XXI 299 [332]). Il documento è un «telescritto», sicché è privo di firma (XXVII 424-428).

Il termine «Sonderbehandlung» («trattamento speciale», sempre interpretato come uccisione) è un esempio del brutto gergo utilizzato da ogni burocrazia; sarebbe meglio tradurlo «trattamento su base individuale» (in effetti, è un'espressione comune che si trova spesso nei contratti di rappresentanza commerciale). Kaltenbrunner riuscì a dimostrare che, in un caso specifico, la parola si riferiva al diritto di bere dello champagne e di prendere lezioni di francese. L'accusa aveva scambiato una stazione di sport invernali con un campo di concentramento (XI 338-339 [374-375]); (XI 232-386 [259-427]; XVIII 40-68 [49-80]). Il caso in questione si riferisce al documento PS-3839 (XXXIII 197-199, «dichiarazione giurata» di Josef Spacil).

Wilhelm Keitel

Keitel fu impiccato per la sua responsabilità nelle atrocità presuntamente perpetrate in Russia, per l'«ordine relativo ai commissari» sovietici (Kommissarbefehl) e per il «decreto notte e nebbia» (Nacht-und-Nebel-Erlass). Le prove contro Keitel consistevano per la maggior parte in «rapporti» di «commissioni sovietiche per i crimini di guerra» (XVII 611-612 [663-664], XXII 76-83 [90-98]). Si tratta di sommari con giudizi, conclusioni e generalizzazioni non sostenuti da prove o documenti annessi. In questi rapporti, uffici militari sono menzionati con nomi falsi e confusi fra loro.

Tra i documenti sovietici utilizzati per la condanna a morte di Keitel, ci sono i documenti URSS-4; 9; 10; 35; 38; 40; 90; 364; 366; 407 e 470.

Il documento URSS-4 è un «rapporto» sovietico che accusa i Tedeschi di aver propagato intenzionalmente epidemie di tifo per sterminare la popolazione russa. La responsabilità di questo crimine è attribuita al «governo di Hitler» e all'«Oberkommando der Wehrmacht».

Vedi anche il Report on U.S. Crimes in Korea, Peking (1952), in quanto riguarda la guerra batteriologica americana.

I documenti URSS-9, 35 e 38 sono parimenti dei rapporti di commissioni sovietiche per i crimini di guerra.

Il documento URSS-90 è la sentenza di un tribunale militare sovietico che pretende che «gli invasori fascisti tedeschi commisero dei crimini bestiali» e attribuisce questi crimini alla «OKW».

Non sono annessi documenti originali, né sono menzionati ordini specifici. Il nome di Keitel non è menzionato. Gli altri documenti sono presunte «copie conformi» (XVIII 9-12 [16-19]) di documenti presuntamente in possesso dei Sovietici.

Il decreto «notte e nebbia» (XVIII 19-22 [27-30]) mirava ad offrire una alternativa alla condanna a morte di membri della resistenza.

L'accusa ammise che costoro potevano essere fucilati legalmente (V 405 [456]); i Tedeschi però non ritenevano desiderabile condannare tutti a morte.

Alla prigione veniva attribuita scarsa efficacia dissuasiva, perché tutti credevano che la guerra sarebbe finita in qualche anno (XXI 524 [578-579]). L'ordine relativo ai commissari aveva avuto poche esecuzioni pratiche, in parte a causa della difficoltà di individuare i commissari tra i prigionieri (XXI 404-405 [446-447]; XXII 77 [91]).

Keitel è tuttora accusato di aver bloccato l'accesso a Hitler, cioè, di aver impedito che ad Hitler giungessero determinate informazioni. Quest'accusa, decisamente assurda, è confutata nelle pagine 654-661 [710-717] del volume XVII.

Altre «prove» contro Keitel furono il documento PS-81 (citato nel discorso iniziale del procuratore Jackson) e il documento URSS-470, una «copia conforme» (cioè una copia dattiloscritta del documento eseguita dall'accusa e certificata come «conforme» all'«originale») di un «documento originale» scritto interamente in serbo-croato (!), presuntamente conservato in Yugoslavia, con la «firma» di Keitel scritta a macchina (!) Non si pretese che Keitel conoscesse il serbo-croato, ma piuttosto che quella fosse la «traduzione» di un documento scritto in tedesco che gli Yugoslavi non avevano avuto la fortuna di trovare (XV 530-536 [578-585]).

Il caso di Keitel si trova nei volumi X 468-658 [527-724]; XI 1-28 [7-37]; XVII 603-661 [654-717]; e XVIII 1-40 [7-48].

Constantin von Neurath

Von Neurath fu vittima di una falsificazione grottesca, il documento PS-3859. I Cechi presero un documento autentico, lo riscrissero a macchina con ampie alterazioni e interpolazioni, e presentarono al Tribunale una «fotocopia» della loro «copia» (con firme scritte a macchina). Il documento originale era in Cecoslovacchia.

In questo documento quasi tutto è inesatto: la burocrazia tedesca era estremamente complessa. Numerosi documenti dell'accusa recano indirizzi falsi, riferimenti falsi e procedure false che non sono immediatamente evidenti. Riguardo a questo documento, von Neurath disse: «Mi dispiace di dover dire che Lei sta mentendo» (XVII 67 [79]; 373-377 [409-413]).

Von Neurath fu condannato per aver chiuso le università ceche (cosa che, per il diritto internazionale, non è un crimine quando venga fatta da un governo d'occupazione), e di aver fatto fucilare nove studenti cechi dopo una dimostrazione. Questo crimine fu «dimostrato» con una serie di documenti: URSS-489, una «copia conforme» certificata dai Cechi; URSS-60, il «rapporto» di una «commissione per i crimini di guerra,» che «cita» le presunte affermazioni di Karl Hermann Frank (naturalmente non annesse al rapporto), e URSS-494, una «dichiarazione giurata» di Karl Hermann Frank presuntamente firmata 33 giorni prima della sua esecuzione. Le dichiarazioni attribuite a Frank nel rapporto della commissione per i crimini di guerra non sono firmate né datate. Si asserì che i documenti originali fossero in Cecoslovachia (XVII 85-90 [98-104]).

Numerose «prove» contro von Neurath, Schacht, von Papen, Raeder e altri provenivano dalle dichiarazioni giurate di un vecchio diplomatico americano residente in Messico (documenti PS-1760; PS-2385; PS-2386; EC-451).

Si affermò che questo diplomatico, Messersmith, era troppo

vecchio per apparire davanti al Tribunale (II 350 [387]), ma si negò che fosse un vecchio rimbecillito (II 352 [389]). Le «prove» consistevano nelle opinioni personali di Messersmith sulle motivazioni e sul carattere di altre persone.

Il caso di von Neurath appare nei volumi XVI 593-673 [649-737]; XVII 2-107 [9-121] e XIX 216-311 [242-345]).

Franz von Papen

Von Papen fu accusato di aver cospirato per indurre Hindenburg ad assumere Hitler al governo come cancelliere del Reich. Secondo quest'accusa, von Papen ingannò Hindenburg facendogli credere che, se non lo avesse fatto, sarebbe scoppiata la guerra civile.

Il cancelliere del Reich allora in carica, il generale von Schleicher, aveva tentato per un po' di tempo di governare illegalmente e in violazione della costituzione senza l'appoggio dei nazionalsocialisti, che avevano la maggioranza più grande della storia del
Reichstag. Molte illegalità di Hitler risalgono infatti al periodo del governo di von Schleicher (XXII 102-103 [118-119]). Questa era l'unica alternativa al caos di 41 partiti politici, ciascuno dei quali rappresentava qualche interesse finanziario privato.

I vincitori democratici, nel 1946, pretendevano che von Papen, nel 1933, prevedesse l'intenzione di Hitler di intraprendere una «guerra di aggressione» e che collaborasse con von Schleicher per governare con una dittatura militare.

Von Schleicher fu fucilato più tardi durante il «Putsch» di Röhm. Queste esecuzioni furono considerate legali da Hindenburg, come risultò da un telegramma in cui egli si congratulava con Hitler (XX 291 [319]; XXI 350 [386]; 577-578 [636-637]; XXII 117 [134-135]). Anche von Papen riteneva che l'esecuzione di Röhm e dei suoi accoliti fosse giustificata dallo stato di necessità (XVI 364 [401]), ma, nello stesso tempo, credeva che fossero stati commessi anche molti assassinii ingiustificati e che Hitler avesse avuto il dovere di condurre una indagine e di punire i responsabili. Ciò non fu fatto.

A Norimberga l'accusa ammise che il programma del partito nazionalsocialista non conteneva niente d'illegale, ma era al contrario quasi lodevole (II 105 [123]). I nazionalsocialisti erano stati dichiarati legali dalle autorità di occupazione della Renania nel 1925 (XXI 455

[505]), dalla Corte suprema tedesca nel 1932 (XXI 568 [626]), dalla Società delle Nazioni e dal Ministro Generale di Danzica nel 1930 (XVIII 169 [187-188]).

Nel 1933 non era chiaro se l'esercito avrebbe appoggiato unanimamente von Schleicher contro i nazionalsocialisti, che godevono del pieno diritto di governare; fu il rifiuto di Hindenburg di violare la costituzione a rischio di una guerra civile che portò Hitler al governo in modo perfettamente legale (vedi anche XXII 111-112 [128-129]).

Von Papen fu accusato di avere commesso «atti immorali per favorire il progetto comune», come l'aver dato del tu al ministro degli esteri austriaco Guido Schmidt nelle conversazioni (!). Von Papen replicò: «Sir David, se Lei fosse stato una sola volta in Austria nella sua vita, saprebbe che quasi tutti si danno del tu» (XVI 394 [435]).

Azioni di von Papen che non si potevano definire «criminali» furono utilizzate per dimostrare la sua «duplicità». Ai suoi atti fu attribuita una intenzione sulla base di una interpretazione a posteriori.

Talvolta si afferma che le assoluzioni di von Papen, Fritzsche e Schacht sono la prova del fatto che il processo di Norimberga è stato un «processo giusto».Naturalmente il processo di Tokio e i numerosi altri processi per crimini di guerra nei quali non ci fu nessuna assoluzione non costituiscono la prova contraria. Si dimentica inoltre che nei processi alle streghe del XVII secolo ci furono il 5-10% di assoluzioni.

Il caso di Von Papen appare nei volumi XVI 236-422 [261-466], XIX 124-177 [139-199].

Erich Raeder

Raeder fu accusato di aver «cospirato» con i Giapponesi per attaccare gli Stati Uniti. Altri crimini commessi da Raeder furono, fra gli altri, la sua presenza a discorsi e conferenze, la sua conoscenza di piani contingenti e la sua accettazione di regali di compleanno da parte di Hitler (cioè, la «conoscenza del progetto comune»).

Raeder dimostrò che gli Americani erano al corrente dell'attacco a Pearl Harbor con 10 giorni di anticipo, mentre i Tedeschi non ne sapevano nulla (XIV 122 [137-138]).

La sua discussione dello stato di preparazione militare tedesco e dei discorsi di Hitler sarà trattata insieme con quella di von Ribbentrop (XIII 595-599 [656-660]; 617-631 [680-696]; XIV 1-246 [7-275]; XVIII 372-430 [406-470]).

Joachim von Ribbentrop

Von Ribbentrop fu impiccato per la sua firma al Patto Molotov-Ribbentrop, che precedeva e permetteva l'attacco alla Polonia.

Ribbentrop si difese asserendo che, in circa venti anni, un milione di Tedeschi erano stati espulsi dai territori polacchi con numerose atrocità. Le proteste presentate alla Corte Internazionale di Giustizia de L'Aia e alla Società delle Nazioni erano state ignorate per tutto questo tempo. Le vittime erano dei «Volksdeutsche» con nazionalità polacca residenti nei territori assegnati al nuovo stato di Polonia in conformità con il Trattato di Versailles.

Il 23 Ottobre 1938 Ribbentrop fece ai Polacchi un'offerta che l'ambasciatore britannico riconobbe ragionevole, definendola un'«offerta nel puro stile della Società delle Nazioni»; Ribbentrop chiedeva un plebiscito nel corridoio polacco; il ritorno di Danzica (città tedesca al 100%) al Reich; la costruzione di una ferrovia e di una autostrada extraterritoriale attraverso il corridoio fino alla Prussia orientale, che era stata tagliata fuori dal resto della Germania in conformità con il Trattato di Versailles e si poteva raggiungere soltanto per mare – una situazione del tutto insostenibile; egli chiedeva cioè un ponte terrestre verso la Prussia orientale (IX 260-269 [295-304]; 280-281 [317-318]; 367-369 [416-417]).

In compenso, i Polacchi avrebbero ricevuto un vantaggioso accordo finanziario: la garanzia dell'utilizzazione degli impianti portuali a Danzica e lo sbocco per i prodotti polacchi attraverso il porto di questa città.Il futuro del corridoio avrebbe dovuto essere deciso secondo il principio dell'autodeterminazione; i Polacchi avrebbero ricevuto uno sbocco al mare, e gli accordi tedesco-polacchi (firmati da Hitler nel 1934 malgrado la forte opposizione tedesca), sarebbero stati rinnovati per un periodo ulteriore (XIX 362-368 [399-406].

Per la versione dell'accusa riguardo a questi avvenimenti, vedi III 209-229 [237-260]).

Per l'accusa ciò fu invece il «progetto nazista per la conquista del mondo» che servì agli Alleati come pretesto per tutta la guerra, inclusi, più tardi, Pearl Harbor, Hiroshima e Yalta.

I Polacchi replicarono affermando che qualunque cambiamento nello stato giuridico di Danzica avrebbe comportato la guerra con la Polonia.

Fu ordinata la mobilitazione generale. Le espulsioni continuavano, rimpiendo i campi di rifugiati lungo la frontiera con la Polonia. Il 31 Agosto 1939 l'ambasciatore polacco, Lipski, dichiarò che conosceva molto bene le condizioni della Germania, avendovi prestato servizio per molti anni. Nessuna nota o offerta tedesca gli interessava. In caso di guerra, in Germania sarebbe scoppiata la rivoluzione e l'esercito polacco avrebbe marciato trionfalmente fino a Berlino (XVII 520-521 [565-566]; 564-566 [611-614]; XX 607 [661]).

Ribbentrop affermò che una tale attitudine da parte dei Polacchi rendeva la guerra inevitabile; bisognava risolvere il problema del corridoio e delle espulsioni; per Hitler e Stalin, i territori in questione erano stati perduti per entrambi i paesi dopo una guerra disastrosa seguita da trattati di pace altrettanto disastrosi (X 224-444 [254-500]; XVII 555-603 [602-655]).

Per i Tedeschi a Norimberga ci fu una sola spiegazione: i Polacchi e gli Inglesi erano in contatto con la cosiddetta «resistenza» tedesca, la quale aveva esagerato enormemente la propria importanza (XVII 645-661 [699-717]; XIII 111-112 [125-126]).

L'interprete di Hitler, Paul Schmidt, apparve come testimone e dichiarò che i Tedeschi non potevano credere che gli Inglesi sarebbero entrati in guerra dopo che il loro ambasciatore aveva riconosciuto che erano i Tedeschi ad aver ragione. Secondo questo testimone, all'arrivo della notizia della dichiarazione di guerra britannica, ci fu un minuto intero di silenzio; indi Hitler si rivolse a von Ribbentrop e gli chiese: «Adesso che cosa faremo»? (X 200 [227]).

La testimonianza di Schmidt fece luce anche su un'affermazione attribuita a von Ribbentrop, secondo la quale gli Ebrei dovevano essere uccisi o internati in campi di concentramento. Ciò che accadde, secondo Schmidt (X 203-204 [213]), fu che Hitler aveva esercitato delle pressioni su Horthy affinché prendesse misure più energiche contro gli Ebrei. Horthy chiese: «Che cosa posso fare? Non posso certo ucciderli».Ribbentrop, che era di pessimo umore, replicò: «Ci sono due alternative: Lei può fare così, oppure essi possono essere internati». Questa affermazione fu riportata nella trascrizione della conferenza nel modo seguente: «Il Ministro degli Esteri disse che gli Ebrei dovevano essere uccisi o internati in campi di concentramento.» Quest'affermazione fu utilizzata contro von Ribbentrop e tutti gli altri imputati per tutto il processo, malgrado la dichiarazione di Schmidt (un uomo rispettabile, non nazista) che la trascrizione non era esatta (X 410-411 [462-463]).

A detta di Ribbentrop, Raeder, Göring e tutti gli imputati, ad eccezione di Schacht, i Tedeschi non erano preparati per una guerra e non avevano progettato alcuna «aggressione» (XVII 522 [566-567], XXII 62, 90 [76, 105]).

L'invasione del Belgio, dell'Olanda e della Francia non costituivano un'«aggressione», perché era stata la Francia a dichiarare guerra alla Germania, mentre il Belgio e l'Olanda permettevano agli aereoplani inglesi di sorvolare i loro paesi tutte le notti per bombardare la Ruhr; i Tedeschi avevano protestato per iscritto 127 volte (XVII 581 [630], XIX 10 [16]).

Göring, Raeder, Milch, e molti altri testimoniarono che la Germania, nel 1939, aveva soltanto 26 sommergibili per il servizio atlantico, a paragonare di 315 sommergibili nel anno 1919 (XIV 26 [34]), e un numero insufficiente di bombe definito da Milch «ridicolo» (XIX 4-5 [11-12]).

Nel Maggio 1939 Hitler informò Milch che non c'era bisogno di produrre bombe a pieno regime, perché non ci sarebbe stata nessuna guerra. Milch replicò che la produzione di bombe a pieno regime avrebbe richiesto parecchi mesi, perché ci voleva tempo per arrivare al pieno regime. L'ordine di cominciare la produzione di bombe a pieno regime non fu impartito prima del 12 o 20 Ottobre 1939 (IX 50 [60-61]; XVII 522 [566-567]).

L'aviazione tedesca era progettata per il bombardamento di precisone di punti determinati; fino al 1938, i Tedeschi avevano cooperato con gli Inglesi e i Sovietici nello scambio d'informazioni tecniche (IX 45-133 [54-153]; XIV 298-351 [332-389]).

I Tedeschi non avevano costruito neppure il numero di navi da guerra e, in particolare, di sommergibili (XIV 24 [31]) che era loro consentito in base all'accordo anglo-tedesco del 1935 (XVIII 379-389 [412-425]). Questo accordo rappresentava il riconoscimento da parte degli Inglesi del fatto che il Trattato di Versailles era antiquato. Si trattò dunque di una limitazione dell'armamento navale intrapresa volontariamente dai Tedeschi (XIX 224-232 [250-259]).

All'inizio della guerra, molte navi da guerra tedesche erano ancora in costruzione e dovettero essere smatellate, perché ci sarebbero voluti anni per terminarle (XIII 249-250 [279-280]; 620-624 [683-687]).

Quando scoppiò la guerra, la Gneisenau, una delle navi da guerra tedesche più grandi – secondo una dichiarazione giurata del suo comandante – era in crociera di istruzione presso le Canarie senza alcun approvvigionamento di munizioni (XXI 385 [425]).

Hitler era un millantatore cui piaceva terrorizzare i politici con discorsi grossolanamente illogici e contraddittori in sé stessi (XIV 34-48 [43-59]; 329-330 [366]) e reciprocamente (XXII 66-68 [80-81]).

Proprio per questo motivo non furono mai prese note stenografiche esatte delle sue dichiarazioni prima del 1941 (XIV 314-315 [349-350]).

Molti «discorsi di Hitler» sono parzialmente o totalmente falsi (XVII 406-408 [445-447], XVIII 390-402 [426-439]; XXII 65 [78-79]).

I Tedeschi non si ritenevano più vincolati dal Trattato di Versailles, perché i suoi termini, in particolare il preambolo alla Parte V, erano stati violati dagli Inglesi, e ancor più dai Francesi. Il disarmo tedesco doveva essere seguito da un disarmo generale (IX 4-7 [12-14]; XIX 242 [269], 356 [392]).

Hitler aveva offerto di disarmarsi «fino all'ultima mitragliatrice,» a condizione che gli altri paesi facessero la stessa cosa; ma la Germania non poteva restare per sempre in una condizione di debolezza ad aspettare di essere invasa e distrutta in qualunque momento. La rioccupazione della Renania diede alla Germania una frontiera naturale che proteggeva la Ruhr; sarebbe stata un'azione normale per qualsiasi governo. L'Europa orientale era in subbuglio per conflitti fra stati poderosamente armati; la Prussia orientale era indifendibile; i Polacchi chiedevano apertamente parti dell'Alta Slesia (XII 476-479 [520-524]; XIX 224-232 [249-259], XX 570-571 [623-624]).

Gli accordi sovietico-francesi del 5 Dicembre 1934 avevano già violato il patto di Locarno, ma a Norimberga la sua violazione fu attribuita ai Tedeschi (XIX 254, 269, 277 [283, 299, 308]).

Non era chiaro se l'occupazione del resto della Cecoslovacchia avesse violato gli accordi di Monaco (X 259 [293-294). Ciò fu fatto perché i Sovietici avevano costruito degli aereoporti nel resto della Cecoslovacchia, con la cooperazione dei Cechi, per trasformare il paese in una «portaerei» dalla quale la Germania potesse essere attaccata (X 348 [394-395]; 427-430 [480-484]).

Roosevelt aveva proclamato che gli interessi americani si estendevano al mondo intero; gli Inglesi rivendicavano il dominio su mezzo mondo; forse gli interessi tedeschi si potevano estendere fino alla Cecoslovacchia. Da Praga a Berlino c'è una mezz'ora di aereo; le azioni ceche rappresentavano un'aperta minaccia per la Germania.

Non esistono trattati al mondo che durino per sempre; normalmente diventano antiquati e vengono sostituiti da altri trattati.

Questo fatto è normalmente previsto dal trattato stesso con la formula «rebus sic stantibus» («stando così le cose,» cioè «finché le cose stanno così»). Dopo il 1935, i trattati di Locarno e Versailles erano già antiquati.

Alfred Rosenberg e Fritz Sauckel

Alfred Rosenberg

Come Frank, Rosenberg fu accusato di aver «saccheggiato» e «rubato» opere d'arte. Entrambi gli imputati, Rosenberg e Frank, rilevarono che la Germania, ai sensi della quarta convenzione de L'Aia sulla guerra terrestre, aveva l'obbligo di proteggere le opere d'arte; ciò richiedeva il trasferimento delle opere fuori del teatro delle ostilità. Le opere d'arte furono accuratamente imballate, valutate e restaurate. Se i Tedeschi avessero avuto l'intenzione di «saccheggiare» o di «rubare», non sarebbe stato necessario catalogare tutti questi oggetti coll'annotazione esatta del nome, cognome e indirizzo del proprietario, quando era conosciuto.

Alcune opere d'arte erano state prese da Göring, ma non per suo uso personale, bensì per un museo che Hitler intendeva creare a Linz. Rosenberg aveva protestato contro questo abuso, perché era suo dovere conservare queste collezioni intatte sino alla fine della guerra, nella speranza che, nel trattato di pace, si potesse arrivare ad un accordo riguardo a questi oggetti.

Rosenberg fu inoltre accusato di aver rubato migliaia di vagoni ferroviari pieni di mobili. I mobili appartenevano agli Ebrei che avevano abbandonato le loro residenze all'arrivo dei Tedeschi a Parigi. Gli appartamenti ebraici furono sigillati per 90 giorni; poi il loro contenuto fu confiscato, perché sarebbe stato impossibile assicurarne la custodia.

Alla fine i mobili furono usati per aiutare i Tedeschi che erano rimasti senza tetto a causa degli attachi aerei alleati. Ancora una volta, i Tedeschi avevano avuto l'intenzione di arrivare a un accordo su questi oggetti in un trattato di pace.

Il ministero di Rosenberg ricevette molte lamentele, riguardo alle quali furono svolte indagini. Molte di queste lamentele si rivelarono infondate. A Norimberga, si assunse semplicemente che tutte le lamentele fossero «vere».Alcune lettere indirizzate a Rosenberg furono utilizzate come prove a suo carico, sebbene le sue risposte fossero andate perdute. Lamentele e lettere furono usate per dimostrare la sua presunta «partecipazione volontaria al progetto comune».

Rosenberg fu accusato di aver cospirato con Sauckel per ottenere degli «schiavi» per l'industria tedesca. Rosenberg, Sauckel, Speer, Göring e Seyss-Inquart protestarono tutti che, se non ci fosse stato il blocco alleato, «saccheggi» e «schiavitù» non sarebbero stati necessari; il blocco marittimo era illegale e aveva provocato disoccupazione in massa nei territori occupati; ai sensi della quarta convenzione de L'Aia sulla guerra terrestre, ai governi d'occupazione era consentito chiedere il pagamento in servizi. Gli «schiavi» ricevevano la stessa paga degli operai tedeschi, i quali erano soggetti allo stesso modo al lavoro obbligatorio.

Fritz Sauckel

Funk dichiarò che gli «schiavi», durante la guerra, mandarono alle loro famiglie due miliardi di marchi di salario (XIII 136 [153]). Seyss-Inquart asserì che in Olanda, in conseguenza del blocco, ci furono 500.000 disoccupati; se non si fosse dato lavoro – volontario o obbligatorio che fosse – a tutta quella gente, la popolazione sarebbe stata costretta ad unirsi alla resistenza, che era proibita dal diritto internazionale. La popolazione fu contenta di poter lavorare alle fortificazioni tedesche in Olanda, perché così si riduceva la probabilità che l'invasione alleata avvenisse in Olanda. (La probabilità di una invasione alleata era stato anche il motivo della deportazione degli Ebrei olandesi [XV 662-668 [719-726]; XIX 99-102 [113-115].

Fritzsche e altri imputati dichiararono che gli «schiavi» si potevano muovere liberamente in tutte le strade di tutte le città tedesche (XVII 163-164 [183-184]), avevano molto denaro e controllavano il mercato nero (XIV 590 [649]). Inoltre, centinaia di migliaia di questi «schiavi», dopo la fine della guerra, si rifiutarono di lasciare la Germania, sebbene i loro paesi fossero stati «liberati» e la Germania fosse devastata (XVIII 155 [172-173]). Per di più, gli «schiavi», alla fine della guerra, non si ribellarono (XVIII 129-163 [144-181]; 466-506 [509-544]; XIX 177-216 [199-242]; XXI 471-472 [521-522]).

Sauckel testimoniò che il reclutamento dei «lavoratori schiavi» in Francia era eseguito dal governo francese e dalle organizzazioni collaborazioniste. Molti operai preferivano essere «obbligati» onde evitare rappresaglie da parte della resistenza (XV 1-263 [7-290]); ma tutti ricevevano la stessa paga e godevano delle stesse condizioni contrattuali e delle stesse indennità sanitarie e di previdenza sociale dei lavoratori tedeschi. Lungi dal «saccheggiare» i territori occupati, era stato necessario portarvi grandi quantità di equipaggiamenti di grande valore. In Russia, i Sovietici stessi, durante la loro ritirata, distrussero tutto; quando i Tedeschi, durante la loro ritirata, riportarono via tutti i loro equipaggiamenti che vi avevano portato, ciò fu definito «saccheggio» (IX 171-172 [195-196).

Un esempio di una lamentela che divenne un «crimine» fu il caso dei «frequentatori di teatro razziati e inviati in schiavitù». Sauckel indagò per vari mesi e scoprì che si trattava di un imprenditore che aveva interrotto una riunione dei suoi operai per trasportarli in un altro posto di lavoro (XV 17-18 [25-26]).

A causa del peggioramento della situazione, si resero necessarie sempre maggiori coercizioni. Se gli Alleati avevano il diritto di confiscare i beni dei neutrali in mare aperto, i Tedeschi avevano il diritto di utilizzare le risorse dei territori occupati sulla terraferma.

Un'accusa strettamente connessa fu quella della cosiddetta «azione fieno», nella quale, secondo l'accusa, erano stati «sequestrati» 50.000 bambini per lavorare come «schiavi».Sia Rosenberg sia von Schirach dichiararono che si trattava in realtà di un programma di apprendistato al fine di rimuovere gli orfani di guerra dal teatro delle ostilità (XI 489-490 [538-539], XIV 501-505 [552-556]): se non lo avesse fatto il ministero di Rosenberg, lo avrebbe fatto l'esercito.

Un'altra accusa che rientra in questo contesto fu quella relativa all'organizzazione «Lebensborn», il cui scopo, secondo l'accusa, era quello di sequestrare dei neonati – a credere ad alcuni storici ebrei psichicamente malati – dopo aver misurato il loro pene. In realtà, lo scopo di questa organizzazione era quello di cancellare la macchia dell'illegittimità e di aiutare le famiglie con molti bambini (XXI 654-664, edizione tedesca; queste pagine sono state soppresse nell'edizione americana. Vedi anche XXI 352 [389] dell'edizione americana).

Il caso di Rosenberg si trova nei volumi XI 444-599 [490-656], e XVIII 69-128 [81-143]).

Hjalmar Schacht

Schacht è un imputato anomalo, perché le accuse contro di lui contraddicono quelle contro gli altri imputati. Mentre gli altri imputati furono accusati di «atti immorali» che dimostravano la loro «partecipazione volontaria al progetto comune» – come aver accettato regali di compleanno, aver pronunciato discorsi di compleanno, essere stati fotografati con Hitler, aver firmato leggi legalmente promulgate dal Capo dello Stato, essere stati d'accordo con il Capo dello Stato, o, in caso contrario, esser venuti meno al dovere morale di rovesciare e assassinare il Capo dello Stato (dovere che evidentemente non può essere imposto dalla legge) – Schacht non solo fu accusato di tutte queste cose, ma, per giunta, anche di aver violato il suo giuramento di lealtà verso Hitler e di averlo ingannato! Ciò fu considerato la prova di una straordinaria perversità (XII 597 [652-653]).

Le spiegazioni di Schacht circa la necessità di mentire sono state spesso invocate come prova della duplicità nazista, però si è dimenticato che la vittima delle sue menzogne fu Hitler.

Schacht mise in ridicolo queste accuse con una serie di spiritosaggini, mostrandosi ancor più sarcastico di Göring; ma al procuratore Jackson mancava la perspicacia per rendersi conto che Schacht lo prendeva in giro (XII 416-493 [454-539]; 507-602 [554-658]; XIII 1-48 [7-58]; XVIII 270-312 [299-342]).

La menzogna di Jackson secondo la quale egli costrinse Schacht «ad ammettere che aveva mentito» è stata presa sul serio da molte persone, le quali dovrebbero sapere che Jackson mentiva abitualmente (vedi, per esempio, II 438 [483]; IX 500-504 [555-559]).

Baldur von Schirach

Von Schirach fu accusato di aver cospirato con milioni di bambini per conquistare il mondo in uniformi simili a quelle dei Boy Scouts. Nella sua difesa fu rilevato che il concetto di una cospirazione che comprenda milioni di membri è logicamente assurdo (XIV 360-537 [399-592], XVIII 430-466 [470-509]).

Per realizzare questo fine, i cospiratori si dedicavano a esercitazioni di tiro al bersaglio con fucili calibro 22 (XIV 381 [420-421]), cantando canzoni a volte vecchie di 300 anni (XIV 474 [521]).

A Norimberga si scoprirono crimini dappertutto. Nel caso delle SA, per dimostrare la loro «intenzione di impegnarsi in una guerra di aggressione» fu citato un articolo sulla cura dei piedi (XXI 221-223 [248-250]).

Schirach fu accusato da Hans Marsalek di essere stato a conoscenza di alcune atrocità.

Hans Marsalek è il testimone il cui «ricordo» della «confessione» di Ziereis (6 pagine di citazioni alla lettera un anno dopo la morte di Ziereis) fu utilizzato contro Kaltenbrunner (XI 330-333 [365-369]; XIV 436-440 [480-485]).

Un altro crimine commesso da Schirach fu quello di essere «basso e grasso» (Un capo studentesco «basso e grasso» aveva fatto un discorso anti-semitico) (deposizione di Georg Ziemer, PS-244, XIV 400-401 [440-441]).

Schirach respinse quest'accusa.

Si pretese che Schirach avesse ricevuto dei rapporti degli «Einsatzgruppen» nel suo ufficio a Vienna. Questi documenti sono «fotocopie» di «copie conformi» su carta normale, senza intestazione né firma, redatti da sconociuti e trovati – secondo l'accusa – sepolti in una miniera di salgemma (II 157 [185]) dai Sovietici (IV 245 [273], VIII 293-301 [324-332]). In questi documenti Katyn appare come un crimine tedesco (NMT IV 112, Einsatzgruppen).

Si asserì che i Tedeschi avevano ucciso 22.000.000 (XXII 238 [270]), o 12.000.000 di persone (XXII 312 [356]), poi avevano cremato i cadaveri e seppellito i documenti. Ma i documenti sono molto più combustibili dei cadaveri! Schirach e Streicher furono ingannati entrambi da una «fotocopia» di un documento di Hitler nel quale egli avrebbe «confessato» degli stermini in massa (XIV 432 [476]; XII 321 [349]).

Poiché Hitler era un genio (X 600 [671-672]), e i genii non uccidono milioni di persone con i gas di scappamento di motori Diesel e con insetticidi che richiedono 24 ore per uccidere le tarme (documento NI-9912), sembra che il significato di questo documento sia stato sopravvalutato. Infatti tipico di Hitler è un linguaggio pieno di violenza, ma povero di contenuto e aderente ai fatti. Non è neppure chiaro se Hitler, nel 1945, fosse ancora sano di mente (IX 92 [107]). La «confessione» di Hitler è una fotocopia «certificata» (Str-9, documento 9 della difesa di Streicher, XLI 547).

Arthur Seyss-Inquart

Seyss-Inquart è un esempio del modo in cui azioni perfettamente legali furono ritenute «crimini» quando venivano effettuate dai Tedeschi, mentre azioni identiche, o azioni criminali secondo lo statuto stesso del Tribunale di Norimberga (come i bombardamenti di Dresda, illegali secondo l'articolo 6(b) (XXII 471, 475 [535, 540]) furono considerate inconvenienti senza importanza di una grande crociata per sradicare il Male.

Secondo il diritto internazionale, i governi d'occupazione hanno la facoltà di legiferare come meglio credono (facoltà reclamata dal Tribunale stesso, XXII 461 [523], ma contraddetta nel vol. XXII 497 [565-566]); l'obbedienza alla loro autorità è obbligatoria. I governi d'occupazione possono reclutare entro certi limiti i lavoratori, confiscare i beni pubblici e imporre tasse per coprire le spese dell'occupazione.

Non sono obbligati a tollerare la resistenza armata, gli scioperi, la pubblicazione di giornali ostili, o ad impiegare ufficiali locali che non ubbidiscono agli ordini. Firmare documenti e far circolare ordini non sono crimini per il diritto internazionale. Alla fine della guerra Seyss-Inquart evitò molte distruzioni che sarebbero state illegali (XV 610-668 [664-726]; XVI 1-113 [7-128]; XIX 46-111 [55-125]).

In qualità di Reichskommissar per l'Olanda, Seyss-Inquart trasmetteva gli ordini di esecuzione dei membri della resistenza dopo la loro condanna per atti di sabotaggio o resistenza armata. Ma le sentenze di morte venivano eseguite solo dopo ulteriori atti di sabotaggio. Ciò fu definito dal Tribunale una «esecuzione di ostaggi».

Tuttavia, in questo caso, la definizione «ostaggio» non è corretta (XII 95-96 [108], XVIII 17-19 [25-27], XXI 526 [581], 535 [590]).

L'accusa, discutendo la questione dal punto di vista del diritto internazionale, ammise la legalità di queste azioni (V 537 [603-604]), e riconobbe che i membri della resistenza potevano essere fucilati (V 405 [455-456]).

La quarta convenzione de L'Aia sulla guerra terrestre del 18 Ottobre 1907 contiene una clausola di partecipazione totale (art. 2); i belligeranti che abbiano violato la convenzione possono essere costretti a pagare un indennizzo; essa proibisce i bombardamenti «in qualunque forma» di città indifese e dei monumenti culturali, (art. 23, 25, 27, 56).

Questa convenzione non fu ratificata da Bulgaria, Grecia, Italia e Yugoslavia, ma fu ratificata dalla Russia zarista.

Albert Speer

Albert Speer fu condannato per aver «ridotto in schiavitù» milioni di persone per lavorare nelle industrie di armamenti tedesche, dove si asseriva che fossero costrette a dormire in orinatoi (documento D-288, dichiarazione giurata del dott. Wilhelm Jäger, già discussa nel caso di Rudolf Höss), e torturati in «scatole di tortura» camuffate da normali guardaroba (questi «camuffamenti» strampalati servivano all'accusa per presentare  oggetti ordinari come «prove» di atrocità) (documento D-892).

Riguardo a quest'accusa, Speer dichiarò: «Considero questa dichiarazione giurata una menzogna... non è possibile trascinare il popolo tedesco nel fango in questo modo» (XVI 543 [594]).

Speer era il tipo di uomo che ha successo sotto ogni regime.

Egli affermò di non sapere niente di «stermini,» aggiungendo che, se dei detenuti fossero stati cremati mediante bombe atomiche (un'allucinazione del procuratore Robert Jackson, (XVI 529-530 [580]), egli l'avrebbe saputo.

Speer affermò di aver ordito un complotto per assassinare Hitler per mezzo un gas nervino molto sofisticato (XVI 494-495 [542-544]).

Il complotto fallì perché il gas si sviluppava soltanto a temperature molto alte (XVI 529 [579]).

Infatti, lo Zyklon B (l'insetticida col quale si pretende che i Tedeschi abbiano gasato gli Ebrei) presenta un problema simile, nel senso che il liquido deve evaporare, il che avviene molto lentamente, a meno che non sia riscaldato. Il genio tecnico dei Tedeschi e il loro avanzato sviluppo industriale rendono insensata qualsiasi nozione di un «olocausto ebraico» con insetticidi o gas di scappamento di motori Diesel. Se non ci fossero state persone come Albert Speer, sarebbe stato più difficile «trascinare il popolo tedesco nel fango» (XVI 430-588 [475-645]); XIX 177-216 [199-242]).

Julius Streicher

Streicher fu impiccato per «incitamento all'odio razziale», un crimine che sembra ritornare di moda. Il caso Streicher è importante perché nazioni che predicavano la separazione tra Stato e Chiesa, nonché la libertà di parola e di stampa, cospirarono con Ebrei e comunisti allo scopo di far impiccare un uomo per aver espresso delle opinioni la cui inesattezza non fu neppure discussa.

Uno dei crimini commessi da Streicher fu la pubblicazione di un supplemento sugli «assassinii rituali ebraici» nel suo giornale *Der Stürmer*. L'accusa ammise apertamente che le illustrazioni del giornale erano autentiche (V 103 [119]) e che l'articolo era provvisto di riferimenti corretti. Tra i riferimenti di Streicher c'era almeno uno studioso di fama, il dott. Erich Bischof di Lipsia, nonché procedimenti penali moderni (IX 696-700 [767-771]). A parere del Tribunale, esaminare il valore dei riferimenti di Streicher avrebbe prolungato troppo il processo. Il Tribunale non affermò che l'articolo fosse inesatto, ma praticò una specie di telepatia: Streicher fu impiccato per opinioni e per le intenzioni attribuitegli dal Tribunale.

Un altro crimine di Streicher fu di aver definito il Vecchio Testamento un «romanzo criminale orribile» e di aver dichiarato che «questo "libro santo" è pieno di assassinii, incesti, frodi, furti e indecenze».Quest'affermazione non fu confutata con alcuna prova (V 96 [112]).

Streicher è famoso come «collezionista di pornografia», «pervertito sessuale» e «truffatore». La «collezione di pornografia», esaminata più accuratamente, si rivelò essere l'archivio giudaico del suo giornale (XII 409 [445]). L'accusa delle «perversioni sessuali», fortemente sottolineata dai Sovietici, ebbe origine dal cosiddetto rapporto Göring, un procedimento disciplinare del Partito avviato da uno dei numerosi nemici di Streicher. Quest'accusa fu lasciata cadere durante il processo di Norimberga e cancellata dalla trascrizione delle udienze. Streicher fu informato che non doveva rispondere a nessuna domanda relativa a quest'accusa (XII 330, 339 [359, 369]).

Anche la «truffa immobiliare» deriva dal rapporto Göring e si riferisce a un solo caso, quello delle Mars-Werke. Il responsabile delle accuse contenute nel rapporto fu, per una curiosa coincidenza, anche il responsabile dell'acquisto (V 106 [123]). Il rapporto afferma che le azioni furono restituite e che il denaro che Streicher aveva pagato per le azioni, 5000 marchi, gli fu rimborsato dopo le indagini.

Streicher aveva dato ai suoi amministratori pieni poteri per agire come volevano, dicendo loro: «Non mi seccate con i vostri affari di denaro. Ci sono altre cose più importanti del denaro». Egli affermò che il suo giornale fu pubblicato fino alla fine della guerra in una casa in affitto; il suo giornale non era un organo del Partito; Streicher non aveva niente a che fare con la guerra.

Uno degli impiegati di Streicher apparve come testimone e affermò: «Chiunque conosca Herr Streicher come me, sa bene che Herr Streicher non ha mai preso nulla a un Ebreo» (XII 385-386 [420]).

La seconda moglie di Streicher, Adele, testimoniò: «Io considero totalmente impossibile che Julius Streicher abbia acquistato delle azioni in questo modo. Io credo che non sappia nemmeno come è fatta un'azione» (XII 391 [426]).

A Norimberga non si affermò che Streicher avesse scritto tutti gli articoli del suo giornale personalmente. L'articolo «Trau keinem Fuchs auf grüner Heid, und keinem Jud' bei seinem Eid» (non ti fidare di una volpe nella brughiera, né di un Ebreo quando giura), tradotto in inglese dall'accusa con «Don't Trust a Fox Whatever You Do, Nor Yet the Oath of Any Jew» (XXXVIII 129), trae il titolo da Martin Lutero.

«Der Giftpilz» (Il fungo velenoso) fu scritto da uno dei redattori di Streicher ispirandosi a una famosa serie di crimini sessuali contro bambini commessi da un grande industriale ebreo, Louis Schloss (XII 335 [364-365]).

In seguito Schloss fu assassinato a Dachau e ciò divenne un'altra «atrocità nazista». Nella discussione dell'assassinio di Schloss da parte dell'accusa, non fu mai accennato che Schloss era stato un pervertito pericoloso che aggrediva i bambini; fu invece tacitamente insinuato che era stato ucciso per il semplice fatto di essere ebreo (documento PS-664, XXVI 174-187).

Non fu mai dimostrato alcun nesso di causalità tra le «opinioni antisemitiche» di Streicher, Frank, o Rosenberg e la perpetrazione di un delitto; non fu dimostrato neppure che il crimine in questione, cioè il cosiddetto «olocausto ebraico» avesse mai avuto luogo. Questo fu semplicemente supposto, e si suppose che gli scritti di Streicher avessero contribuito a «provocarlo».

Streicher fece alcune osservazioni «molto improprie» che furono soppresse dalla trascrizione delle udienze e per le quali fu ammonito dal Tribunale coll'approvazione del suo avvocato, il dott. Marx. Una di queste osservazioni soppresse si trovava a pagina 310 [337] del volume XII della trascrizione delle udienze, dopo il quinto paragrafo [riga 30 in tedesco], ma si può leggere alle pagine 8494-5 della trascrizione delle udienze ciclostilata.

Streicher disse: «Se potessi terminare con una descrizione della mia vita, sarebbe con la descrizione di una esperienza che vi mostrasse, signori del Tribunale, che, anche senza il consenso del governo, possono accadere delle cose che non sono umane, che non sono in accordo con i principi di umanità.

Signori, sono stato arrestato e, durante la mia detenzione, ho sperimentato cose simili a quelle imputate a noi, alla Gestapo. Sono rimasto senza vestiti in una cella per quattro giorni. Mi sono state fatte delle bruciature. Sono stato gettato sul pavimento e incatenato. Ho dovuto baciare i piedi a carcerieri negri che mi sputavano sul viso. Due negri e un ufficiale bianco mi hanno sputato in bocca, e quando non la potevo aprire più, me l'aprivano con un bastone di legno; e quando chiedevo dell'acqua, venivo portato alla latrina e mi si ordinava di bere lì.

A Wiesbaden, signori, un medico ha avuto pietà di me, e io dichiaro qui che un'Ebreo, direttore di un ospedale, si è comportato correttamente. Dico qui, per non essere frainteso, che gli ufficiali ebrei che ci sorvegliano qui nella prigione hanno agito correttamente; anche i medici con i quali ho avuto a che fare sono stati rispettosi. E da questa dichiarazione potete vedere il contrasto tra quella prigionia e questa qui.» Un'altra «osservazione impropria» soppressa era a pagina 349 [379] del volume XII dopo il primo paragrafo, ma si trova nella trascrizione delle udienze ciclostilata a pagina 8549: «Per evitare ogni malinteso, devo dire che a Freising sono stato picchiato, per giorni e senza vestiti, così duramente che ho perduto il 40% della mia capacità uditiva, e la gente ride quando faccio domande.

Non ci posso far niente se sono stato trattato così. Perciò chiedo che mi si ripeta la domanda.» Il tenente colonnello Griffith-Jones replicò: «Posso mostrarvela, e ripeteremo la domanda forte quanto volete.» Ecco il colpo di grazia alla «verità», la «giustizia» e un «processo imparziale».

Dato che si trattava di conoscenza personale di Streicher e non di sentito dire, risulta difficile capire perché le osservazioni furono soppresse, mentre il sentito dire favorevole all'accusa fu conservato (infatti, le prove dell'accusa constano quasi completamente di sentito dire scritto e orale). Se gli accusatori non credevano alla testimonianza di Streicher relativa al fatto che era stato torturato, erano liberi di controinterrogarlo per individuare contraddizioni e dimostrare che mentiva. Invece fu semplicemente ammonito e le sue osservazioni furono soppresse.

Streicher affermò che le sue richieste di «sterminio» degli Ebrei erano state provocate per la maggior parte dai bombardamenti alleati e dagli appelli allo sterminio del popolo tedesco da parte alleata.

«Se in America un ebreo chiamato Erich Kauffman [corretto: Theodore Kaufman] può chiedere pubblicamente che tutti i Tedeschi capaci di generare figli debbano essere sterilizzati allo scopo di sterminare il popolo tedesco, allora io dico: occhio per occhio, dente per dente. Si tratta di una questione puramente teorica e letteraria.» (XII 366 [398-399]. (V 91-119 [106-137; XII 305-416 [332-453]; XVIII 190-220 [211-245]).

www.cwporter.com

www.ingramcontent.com/pod-product-compliance
Lightning Source LLC
LaVergne TN
LVHW041541060526
838200LV00037B/1080